「包む」「巻く」「結ぶ」で美しく和のおもてなし料理

近茶流嗣家　柳原尚之

池田書店

はじめに

「包む」「巻く」「結ぶ」は日本古来、相手を尊ぶ所作として大切にされてきました。正月や慶事の時などのハレの日には、食が多くの役割を持ち一つ一つの料理は願いを込めて作られ、食卓をともにすることで思いや時間を共有することができます。本書は、このような気持ちを、料理に写したものです。

「おもてなし料理」と銘打ってますが「今夜は家族がお客さま」という感覚も大切にしたいと思っています。高級な食材やむずかしい技術を使うのでなく、普段の食材を手際よく扱います。小さな工夫で「気持ちを伝える姿」に変えることができ

ます。たとえば、人参と大根の紅白は平安を、大根のハリハリは、昔、書物は巻物だったことから文化を意味します。また、薄焼き玉子、湯葉などを袱紗《ふくさ》になぞらえて、大切なものを包む所作を表現しています。

だれにでも「初めて」があります。手がけられるものから一品ずつ丁寧に取り組んでみてください。この本を通して、私が家庭教師となり、あなたのそばで料理の手ほどきをしていると思っていただければ幸いです。手順を身につけることは、「おいしい」への、そして「料理上手」への近道となるはずです。

作ることに対する姿勢は、自分の生きる姿勢であり、食材も皆、命あるもの。その命をいただくのですから、「包む」「巻く」「結ぶ」の中に、あなた自身の心もぜひ包んでください。

近茶流嗣家　柳原尚之

もくじ

先附

刺身

揚げ物

煮物・蒸し物

季節のお椀

焼き物

ご飯

〈 本書のきまり 〉

- 大さじ1は15㎖、小さじ1は5㎖、1カップは200㎖です。
- とくに表記のない場合、しょうゆは濃口しょうゆ、みそは米麹みそ、砂糖は上白糖を使用しています。
- 淡口しょうゆとは、うす口しょうゆのことです。
- だしのひき方についてはP127を参照してください。

甘味

春

spring

桜尽くしの献立

桜鱒《さくらます》の木の芽焼きに
桜鯛のお作り……
お膳の上に桜が
満開になったような、
桜尽くしのとり合わせです。
春色をより伝えているのは、
小鯛の桜蒸し。
桜の香りが広がり、ご飯を包む姿が、
愛らしさを添えています。

（写真左上から時計回りに）桜鱒の木の芽焼き、桜鯛のお作り、若竹椀、小鯛の桜蒸し（P16参照）

夏

summer

真夏の夜のパーティー

夏のパーティーをイメージして、
色鮮やかな玉子とじ、
食感が楽しい春巻きや、
青柚《あおゆ》の香りがすがすがしい
豆腐田楽など、
手軽につまめるお料理を盛り合わせました。
涼やかさを演出するガラスの大皿に
大輪を咲かせたような盛りつけで、
夏の夜を盛り上げます。

（写真皿左上から時計回りに）かにしんじょ揚げ、揚げ削り節の生うにのせ、らせん胡瓜のたこわさ、長芋の短冊、白瓜の雷干し、豆腐の白味噌田楽、トマトとグリーンピースの玉子とじ（P17参照）

秋

autumn

行楽弁当

弁当仕立てにすると
外で食べても家で食べても格別です。
だし巻き玉子に手綱揚げ、
おむすびも詰めましょう。
秋の風が心地よく感じる季節は
行楽にぴったりのとき。
お弁当を風呂敷に包んで
出かけてみては。

(写真弁当箱左上から時計回りに)牛肉のしぐれ煮、だし巻き玉子、とり手綱揚げと獅子唐射込み揚げ、ほうれん草のごまひたし、梅干しとしば漬、おむすび、豆腐の赤だし(P.17参照)

冬 *winter*

新年を迎えるお膳

海老の黄身寿司で長寿を願い、袱紗みかんでよき縁を結びます。白味噌雑煮には円満を願う丸餅に、紅白の相生《あいおい》結びがおめでたさを演出しています。福や良縁、お家の平安を祈って、新しい年を縁起のよいお料理で迎えましょう。

（写真皿左上から時計回りに）とりの黒酢煮、巻の黄身寿司、袱紗みかん、くこの実の絹衣、わかさぎの蓮根蛇籠、白味噌雑煮（P17参照）

春レシピ

（写真左上から時計回りに）
□桜鱒の木の芽焼き（下記参照）
□桜鯛のお作り（P34「平作り」参照）
□若竹椀（左記参照）
□小鯛の桜蒸し（P68参照）

若竹椀

材料（4人分）

たけのこ（下ゆでしたもの）……小1本
わかめ……15g
〈本汁〉
だし……4と$1/2$カップ
塩……小さじ1
淡口しょうゆ……小さじ1
〈たけのこの下煮汁〉
本汁……$1/2$カップ
淡口しょうゆ……小さじ$1/6$
みりん……小さじ$1/6$
木の芽……4枚

作り方

1 たけのこはくし形の薄切りにする。ざるに入れて熱湯で1分ほど霜ふる。
2 わかめは熱湯でさっとゆで、筋を取り、重ねて2cm長さに切る。
3 鍋に本汁の材料を合わせて、一度沸かす。
4 別の鍋にたけのこの下煮汁の材料を合わせ（本汁は**3**から取り分ける）、たけのこを3分ほど煮て下味をつける。
5 椀に**2**、**4**を盛り、**3**を張り、吸い口に木の芽を添える。

桜鱒《さくらます》の木の芽焼き

材料（4人分）

桜鱒……4切れ
しょうゆ……少々
〈タレ〉
しょうゆ……大さじ3
酒……大さじ2
みりん……大さじ1
木の芽……8枚
谷中生姜……4本
〈甘酢〉
酢……大さじ3
砂糖……小さじ2
塩……少々
水……大さじ3

作り方

1 桜鱒は小骨を取り、しょうゆを振りかけ、15分おいて下味をつける。タレの材料を鍋に合わせて焦がさないよう火にかけ、軽くとろみをつける。
2 桜鱒に金串を打ち、魚焼き網で色よく焼く（または、魚焼きグリルに魚焼き用ホイルを敷いて焼いてもよい）。
3 焼き目がついたら、混ぜ合わせたタレを刷毛で塗ってさっと焼き、表面を乾かす。同様にして、あと2～3回タレを塗り焼く（タレを塗ると焦げやすくなるので、火加減に注意）。
4 焼きあがったら、粗みじん切りにした木の芽を散らす。
5 谷中生姜は、白い部分（根茎）を包丁でむいて整えてから、熱湯に10秒ほどくぐらせ、混ぜ合わせた甘酢につける。
6 器に**4**を盛り、**5**を添える。

夏レシピ

（写真皿左上から時計回りに）

- □ かにしんじょ揚げ（P52 参照）
- □ 揚げ削り節の生うにのせ（下記参照）
- □ 白瓜の雷干し、らせん胡瓜のたこわさ、長芋の短冊（P24 参照）
- □ 豆腐の白味噌田楽（下記参照）
- □ トマトとグリーンピースの玉子とじ（P66 参照）

揚げ削り節の生うにのせ

材料（4人分）

生うに……4片
かつおの厚削り……4枚
花穂……3本
塩……少々
揚げ油……適量

作り方

1 かつおの厚削りを2cm幅15cm長さ程度の大きさに手で割っておき、160度の揚げ油でじっくり揚げる（揚げる時間が短いと、固いので注意）。

2 **1**が冷めたら、うにをのせ、花穂の花を散らし、塩を少しふる。

豆腐の白味噌田楽

材料（4人分）

木綿豆腐……1/2丁（200g）
〈白練り味噌〉
白味噌……60g
砂糖……小さじ1
酒……大さじ2
青柚……適宜

作り方

1 豆腐を1cm厚さに切り、田楽串を打つ。

2 熱湯で**1**を1分ゆで、水気を拭き取る。

3 小鍋に白練り味噌の材料を合わせてなじませてから、弱火でツヤが出るまで練る。

4 **2**に**3**を塗り、好みで青柚の皮をすりおろしてふる。

秋レシピ

（写真弁当箱左上から時計回りに）

- □ 牛肉のしぐれ煮（P96参照）
- □ だし巻き玉子（P80参照）
- □ とり手綱揚げと獅子唐射込み揚げ（P48参照）
- □ はうれん草のごまひたし（P22参照）
- □ おむすび（P92参照）
- □ 豆腐の赤だし（P116参照）

冬レシピ

（写真皿左上から時計回りに）

- □ とりの黒酢煮（P62参照）
- □ 巻の黄身寿司（P32参照）
- □ 袱紗みかん（P18参照）
- □ くこの実の絹衣（P18参照）
- □ わかさぎの蓮根蛇籠（P29参照）
- □ 白味噌雑煮（P75参照）

先附

食事の最初にいただく先附。
包んで、巻いて、結んで、
かわいらしい
ひと口サイズに仕上げます。

【包む・巻く・結ぶ】

袱紗《ふくさ》みかん、大根四種

大根で、みかんや柚子、あんずなどを包み、甘酢につけます。
焼き物の前付けにもぴったりの小さな品。
大根はかつらむきにして
中がきれいに透けるように。
かつらむきが難しければ、
ごくごく薄切りにして
同じように包みましょう。

袱紗みかん、大根四種

【包む】
袱紗みかん

材料（作りやすい分量）

大根……10㎝
みかん……1個
だしをひいたあとの昆布……1枚
〈たて塩〉
水……2カップ
塩……大さじ1
〈甘酢〉
米酢……50㎖
砂糖……大さじ2
塩……少々
だし……大さじ1

作り方

1 大根は、皮を厚めにむき（下記**A**）、包丁をまな板と平行にして大根にあてる。包丁は固定したまま（下記**B**）、大根のほうを上下に小刻みに動かしながら、薄くむいていく（かつらむき）。このとき、両手の親指を包丁の刃の上にのせて、かつらむきの薄さ具合を確認しながらむく（下記**C**）。

2 水に塩を溶いたたて塩に**1**を10分つけ、しんなりとさせて10㎝四方に切る。

3 昆布は細いひも状に切る→【包む・イ】。

4 **2**の水気を取り、みかん1房を半分に切って中央におき、4つ角を持ち上げて包み、昆布で結ぶ→【包む・ロ／ハ／ニ】。

5 混ぜ合わせた甘酢に**4**を10分つける。

【包む】

昆布の上に木の板などを1～2㎜ずらしてあてると、まっすぐ細く切ることができます。

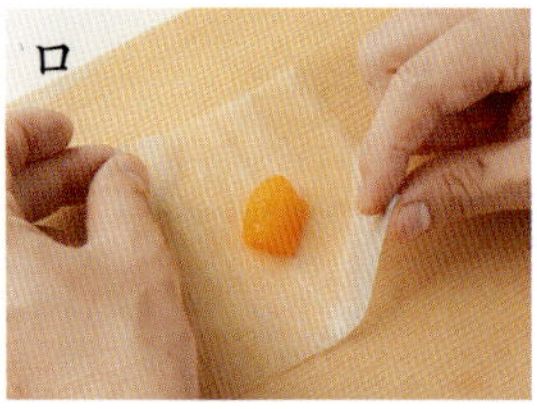

大根の対角同士を合わせてつまみます。

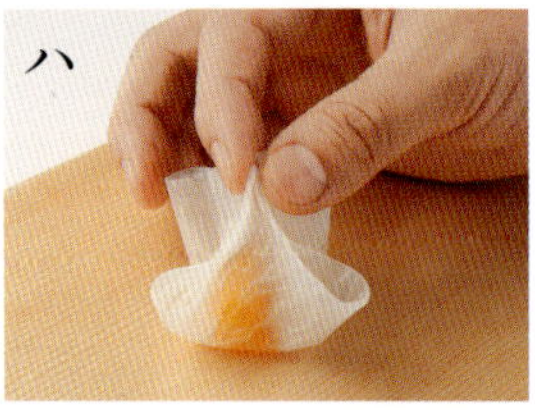

もう一方の対角同士も合わせ、四つの角を中央上部に集めます。

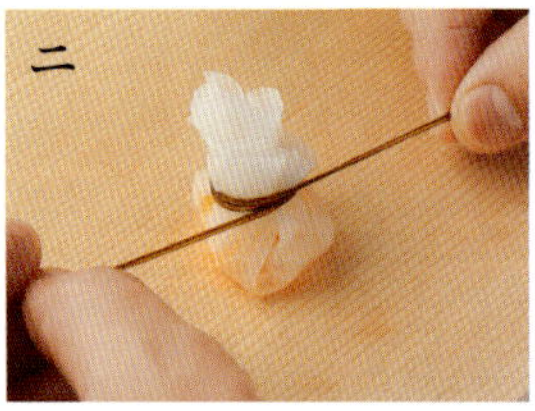

細切りにした昆布のひもを巻いて結び、余分は切ります。

☑ 料理をおいしくするコツ

［作り方**1**］のかつらむきをするときのポイントは、まず皮を厚くむくこと。皮に近いほうはかつらむきがしにくいためです。そして、包丁は立てずにまな板と平行にします。立ててむくと包丁が傾き、円柱形の大根が円錐形になりがちです。さらに、包丁の角度は固定し、大根を上下に動かしむきます。

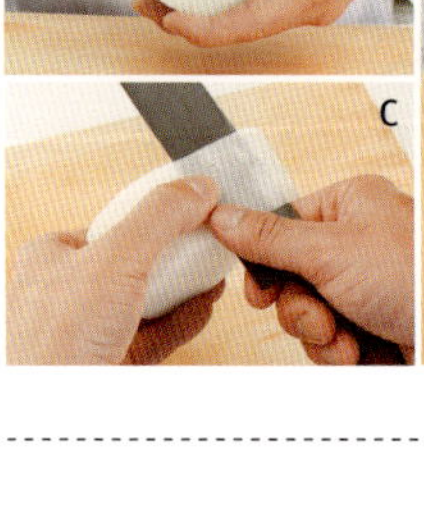

【巻く】即席ハリハリ

材料（作りやすい分量）

大根……5cm
黄柚子……適量
だしをひいたあとの昆布……1枚
〈たて塩〉（P20と同量を同様に作る）
〈甘酢〉（P20と同量を同様に作る）

作り方

1 大根の皮をむき、薄い輪切りにして、たて塩に10分つける。

2 1の水気を取り、せん切りにした柚子をのせる。大根を巻き、細く切った昆布（P20の作り方3参照）で巻き結ぶ→【巻く】。

3 バットに並べ、混ぜ合わせた甘酢をかけて10分つける。

【巻く】

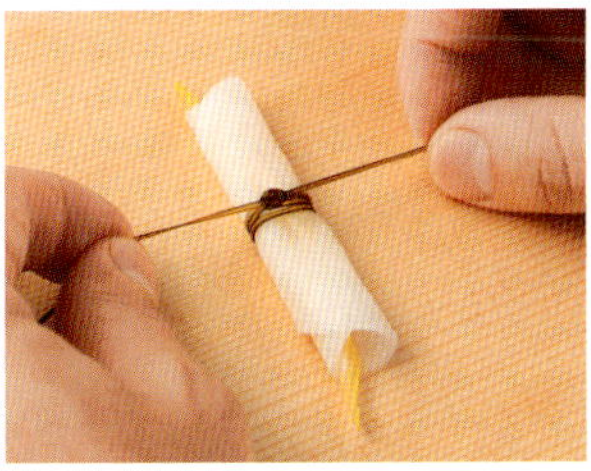

細切りにした昆布のひもを大根に巻き、結びます。

【巻く】あんずの絹衣《きぬごろも》

材料（作りやすい分量）

大根……5cm
干しあんず……大根1枚につき1/2個
〈たて塩〉（P20と同量を同様に作る）
〈甘酢〉（P20と同量を同様に作る）

作り方

1 大根の皮をむき、薄い輪切りにして、たて塩に10分つける。

2 1の水気を取り、中心から1本入れた切り目から丸めて花のつぼみのような円錐形にする→【巻く】。

3 中心に適当な大きさに切ったあんずを入れ、バットに並べ、混ぜ合わせた甘酢をかけて10分つける。

【巻く】

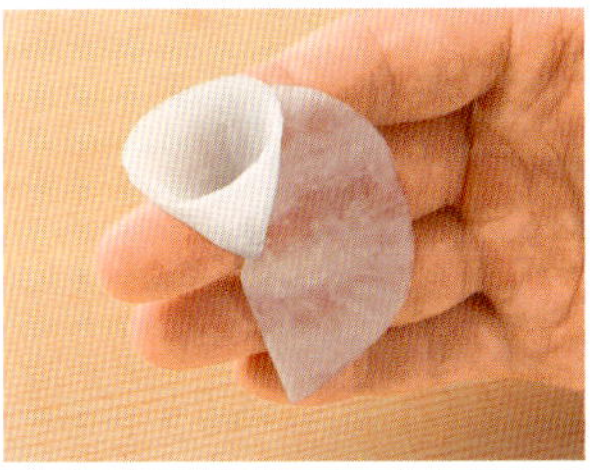

切り目を円錐形に丸め、そのまま巻いていきます。

【結ぶ】結《むす》び文《ぶみ》

材料（作りやすい分量）

大根……12cm
にんじん……12cm
〈たて塩〉（P20と同量を同様に作る）
〈甘酢〉（P20と同量を同様に作る）

作り方

1 大根、にんじんは皮をむき、1cm幅、12cm長さの帯状に切る。

2 たて塩に10分つけ、水気を取って結ぶ。

3 バットに並べ、混ぜ合わせた甘酢をかけて10分つける。

【包む】くこの実の絹衣

材料（作りやすい分量）

大根……5cm
くこの実……大根1枚につき2個
〈たて塩〉（P20と同量を同様に作る）
〈甘酢〉（P20と同量を同様に作る）

作り方

1 大根の皮をむき、薄い輪切りにして、たて塩に10分つける。くこの実は酒（分量外）に浸す。

2 1の水気を取り、大根の上にくこの実をのせる→【包む】。半分に折り、それをさらに半分に折る。

3 バットに並べ、混ぜ合わせた甘酢をかけて10分つける。

【包む】

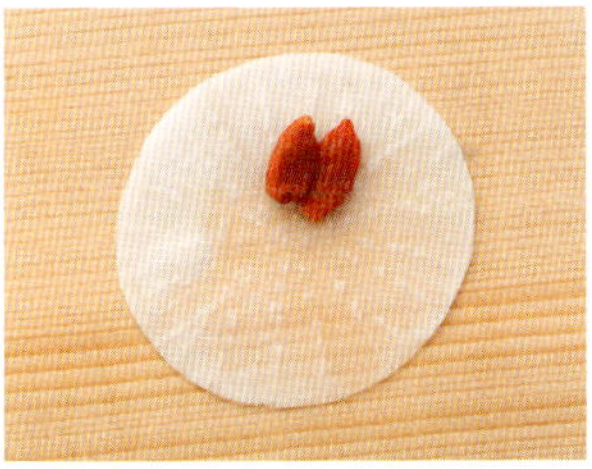

四つ折りにするので、くこの実は中心から少しずらしておきます。

【巻く】
ほうれん草のごまひたし

家庭のお惣菜としておなじみのほうれん草のおひたし。
少し手間をかけると、
こんな上品な料理になります。
といっても、難しいことはありません。
いつもは、手で絞ったり、
ごまやしょうゆで和えたりするところを
巻きすを一枚使うだけですから。

材料（4人分）

ほうれん草……250g
皮むきごま……小さじ2
〈割りじょうゆ〉
だし……大さじ3
淡口しょうゆ……大さじ1と1/2

作り方

1 ほうれん草は塩ゆでにして冷水にさらし、巻きすに軸と葉が互い違いになるようにおき、巻きすで巻いて水気を絞る→【巻く・イ／ロ】。

2 両端を切り落とし、長さを半分に切って上下に並べておき、3等分に切る。ひとつのかたまりに、軸と葉が均等になるように調整する→【巻く・ハ】。

3 鍋にごまを入れ、色よく煎って平たい容器に移し、ほうれん草の切り口をごまに押しあてる→【巻く・ニ】。ごまがついたほうを上にして器に盛り、だしと淡口しょうゆを合わせた割りじょうゆを張る。

☑ 料理をおいしくするコツ

［作り方1］では、ほうれん草の軸はつけたままにしておき、水気を絞ったあとに軸を切ります。こうすることで、長さがそろい、段取りも早くなります。

先附

【巻く】

太さを均等にするために、葉と茎が交互になるようにおきます。

巻きすを使うと、ほどよく水分を残して絞ることができます。

軸ばかりの1と、葉ばかりの2をそれぞれ半分に割って入れ替え、均等にします。入れ替えるときは、1と2、5と6のように必ず長さが同じもの同士を。

ほうれん草の切り口を押しつけて、ごまをつけます。

【巻く・重ねる】

白瓜《しろうり》の雷《かみなり》干《ぼ》し、らせん胡瓜《きゅうり》のたこわさ、長芋の短冊

雷干しとは、
白瓜をらせん状に切って干したものです。
雷神が持っている
太鼓の模様に似ていることから
この名がついたとされています。
形のおもしろさも、
パリパリとした食感も楽しめます。
この技法は、
きゅうりにも応用できます。

先附

【巻く】白瓜の雷干し

材料（4人分）

白瓜……1本
いりごま（白）……小さじ2
〈甘酢〉（P20と同様に作る）……大さじ2

作り方

1 白瓜は塩ずり（分量外）してから両端を落とし（長ければ半分に切る）、割りばしで種をくり抜き、きれいに洗う→【巻く・イ】。

2 切り口から5㎜幅で、らせん状に切る→【巻く・ロ】。

3 全体に薄く塩（分量外）をまぶし、金串を刺し、風通しのよいところで30分ほど干す→【巻く・ハ】。

4 適当な長さに切り、混ぜ合わせた甘酢に10分つける。器に盛り、いりごまをふる。

【巻く】らせん胡瓜のたこわさ

材料（4人分）

きゅうり……1本
ゆでたこの足……1本
〈たて塩〉（P20と同量を同様に作る）
〈甘酢〉（P20と同様に作る）……大さじ1
針生姜、おろしたわさび……各適量

作り方

1 きゅうりは塩ずり（分量外）してから両端を落とし、割りばし1本を中心に通す。

2 割りばしを刺したまま、切り口から4～5㎜幅でらせん状に切る→【巻く・ロ】。

3 割りばしを抜いてたて塩につける。

4 **3**の水気をきって、混ぜ合わせた甘酢に5分つけ、適当な長さに切る。

5 **4**とそぎ切りにしたゆでたこを器に盛り、残りの甘酢を少量かけ、おろしたわさびと針生姜を添える。

【重ねる】長芋の短冊

材料（4人分）

長いも……2㎝角のものを2つ
梅肉……適宜

作り方

1 長いもの皮を上下左右切り落として四角形に整える。さらしの上におき（すべり防止）、端から短冊切りにし、全体をねじるように少しずつずらす。

2 **1**を器に盛り、その上に好みで梅肉をぽつりとおく。

【巻く】

イ

割りばしを種の部分に刺し入れ、左右に回転させながら種を取り除きます。

ロ

白瓜のほうを回しながら、らせん状に切っていきます。このとき包丁は浮かすように。まな板に当たるまで下ろすと、切り離してしまうので注意。らせん胡瓜も同様に。

ハ

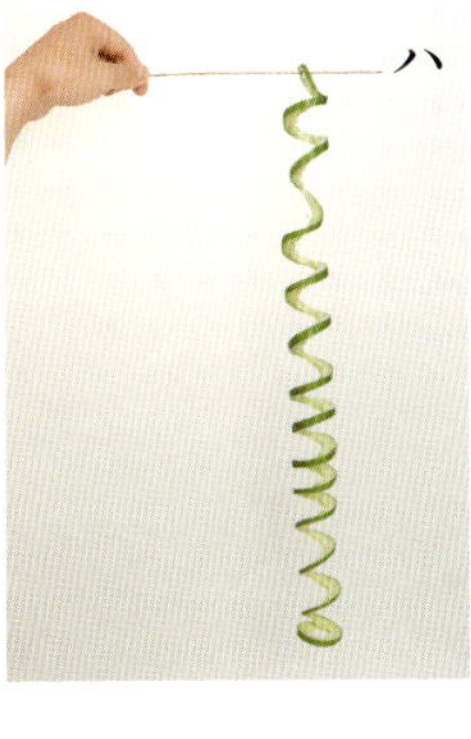

片端に金串を刺し入れて吊るして干します。あまり長いと伸びすぎてしまうので、長いときは適当な長さに切ります。

【包む】

包み湯葉

野菜やきのこなどの具を
湯葉で包んで揚げるのが
「東寺《とうじ》湯葉」。
ここでは、揚げずに蒸した料理にしました。
山芋のすりおろしが
やわらかい食感を生みます。
とろんと白味噌をかけて。

先附

材料（4人分）

平湯葉……1枚
とりひき肉……80g
酒……小さじ2
A 淡口しょうゆ……小さじ1
　砂糖……小さじ2
　塩……少々
木綿豆腐……1/2丁
山芋のすりおろし……大さじ1
干しきくらげ……少々
〈白味噌あん〉
　白味噌……50g
　砂糖……小さじ1
　酒……大さじ1
　だし……大さじ1
くるみ……適宜
柚子の皮……適宜

作り方

1 小鍋にひき肉の2/3量と酒を入れて炒め、ひき肉から水気が出たら**A**で調味する。火からおろして、残りのひき肉を生のまま加えて冷ます。

2 **1**に豆腐を加え、木じゃくしでつぶしながら混ぜる。

3 **2**に山芋のすりおろしを加えて混ぜ、戻してせん切りにしたきくらげを加えてざっくりと混ぜる。

4 湯葉を4等分に切る（ここでは約14cm×21cmの湯葉を使用したので1/4枚の大きさは約7cm×10cm。なん等分に切るかは、湯葉の大きさに合わせて決めるとよい）。

5 **3**をのせて巻く→【包む・イ〜ニ】。

6 蒸気のあがった蒸し器で8分ほど蒸す。火加減は中火以下で、しわを作らないように蒸しあげる。

7 小鍋に白味噌あんの調味料を合わせて、弱火でツヤが出るまで練る。

8 器に**6**を盛り、白味噌あんをかける。好みで軽く煎ったくるみと柚子の皮を添える。

【包む】

やや手前にタネをおきます。

手前の湯葉をかぶせます。

向こう側に1回巻きます。

左、右の順に折り、向こう側に転がして巻きます。

☑ 料理をおいしくするコツ

［作り方**1**］で、あとから加える1/3量のひき肉がつなぎの役目をするので、タネをまとめるための卵や粉を加えません。

【巻く】

文銭鰹《もんせんがつお》、鰺《あじ》の胡瓜巻き、鮪《まぐろ》の砧《きぬた》巻き

「文銭鰹」は、割りばしを芯にして焼き上げた鰹のすり身を、輪切りにします。切り口が江戸時代の銭貨に似ていることから、その名があります。

「鰺の胡瓜巻き」は酢のものを小ぶりに巻き、ひと口サイズに。

「砧巻き」は、薄焼き玉子や薄切りの大根、かぶなどで巻いた料理です。

【巻く】
わかさぎの蓮《れん》根《こん》蛇《じゃ》籠《かご》

蛇籠とは、竹などを筒形に編み、
中に石を詰めたもの。
その形に見立てたのが、
蓮根蛇籠です。
蓮根を縦にかつらむきにすると
蓮根の穴がまさに
蛇籠の編み目のよう。
わかさぎをくるりと包めば、
品のよいひと皿になります。

【巻く】文銭鰹

材料（4人分）

かつお（中おちなどたたいたものでも可）……150g
仙台味噌……15g
生姜露（生姜の絞り汁）……小さじ1/2
かつおの銀皮（さくについている皮）……適宜

作り方

1 かつおの皮や筋を取り除き、すり鉢でよくすり、味噌と生姜露を加える。
2 割りばしに**1**を蒲の穂のようにつけ、細長く帯状に切ったかつおの銀皮を巻き、両端を楊枝でとめる→【巻く・イ／ロ】。
3 グリルにホイルを敷いて**2**をのせ、芯に火が通るまで焼く→【巻く・ハ】。
4 熱いうちに割りばしを抜き、冷ましてから1cm厚さに切る。

【巻く】

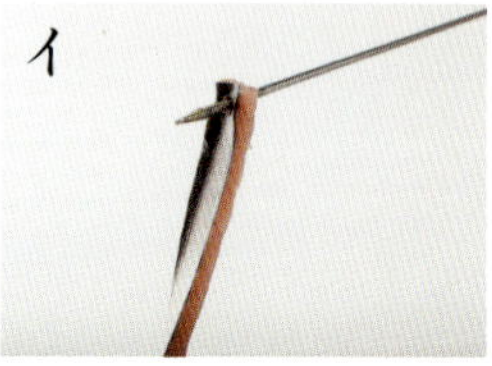

イ 銀皮の両端は、熱した金串で穴をあけ、楊枝を通りやすくしておきます。

ロ かつおの銀皮はらせん状に巻きつけます。

ハ 芯に火が通るまでグリルで焼きます。このとき割りばしがこげないようホイルを巻いておきます。

【巻く】鯵の胡瓜巻き

材料（2本分）

あじ……1尾
きゅうり……2本
〈たて塩〉（P20と同量を同様に作る）
〈三杯酢〉
酢……1/2カップ
だし……大さじ1
砂糖……大さじ2と1/2
淡口しょうゆ……小さじ2
生姜……10g

作り方

1 あじは三枚におろし、腹骨、小骨を取り除く。薄く塩（分量外）をふって5分ほどおき、下味をつける。
2 きゅうりは、塩ずり（分量外）してから薄打ち（薄い小口切り）にする。たて塩に10分つけてしんなりとさせる。
3 小鍋に三杯酢の調味料を合わせて火にかけ、冷ます。
4 皮をむき、斜め切りにした**1**と水気を絞った**2**に、それぞれ少量の**3**をかける。
5 ラップの上に水気を絞ったきゅうりを薄く並べ、その真ん中にあじとせん切りにした生姜をのせ、海苔巻きの要領で巻き、5分ほどおいてなじませる→【巻く・イ／ロ】。
6 ラップをつけたまま1cm厚さに切り、ラップをはずす。

【巻く】

イ 薄く並べたきゅうりの中央よりやや下にあじと生姜をのせます。

ロ ラップを持ち上げ手前から巻いていきます。

【巻く】鮪の砧巻き

材料（2本分）

まぐろ……100g
きゅうり……1/2本
〈薄焼き玉子〉
卵……2個
砂糖……小さじ2
〈練り味噌〉
仙台味噌……30g
砂糖……25g
米酢……小さじ2
水辛子※……小さじ1

※
水辛子

辛子粉を少々の番茶で香りよく辛みをたてます（これが練り辛子）。いくらかの水で練り辛子を溶いてゆるめたものを水辛子といいます。

作り方

1 まぐろは15㎝長さ、1㎝角の棒状に切り、薄く塩をふる。きゅうりは縦4等分に切り、薄く塩（分量外）をふって余分な水気を除く。薄焼き玉子は、P127と同様に作る。

2 鍋に水辛子以外の練り味噌の材料を合わせて強火にかけ、ツヤが出るまで練り、冷ます。冷めたら水辛子を加えて混ぜる。

3 ラップの上に薄焼き玉子をおき、水気をきったまぐろときゅうりを市松（互い違い）にのせ、**2**を薄く塗り、海苔巻きの要領で巻き、ラップで包む→【巻く・イ／ロ】。しばらく落ち着かせてから2㎝厚さに切る。

【巻く】

まぐろときゅうりを互い違いにのせて巻きます。

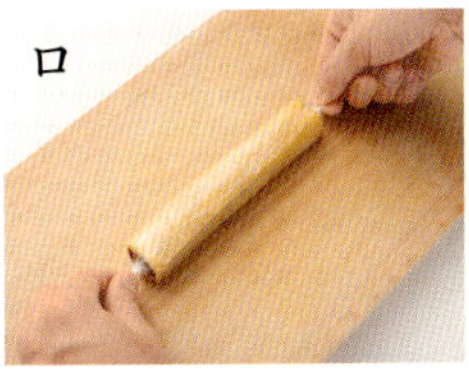

ラップの両端をくるくる巻いてしばらく落ち着かせます。

【巻く】わかさぎの蓮根蛇籠

材料（10個分）

わかさぎ……10尾
れんこん（できるだけ正方形に近いもの）……中1節
〈南蛮酢※〉
米酢……1/2カップ
だし……大さじ2
砂糖……大さじ4
塩……小さじ1/5
赤唐辛子（種を取り除いたもの）……1本
あさつき……適量

※
南蛮酢

唐辛子が入った甘い酢のことを南蛮酢といいます。南蛮漬けに使われます。

作り方

1 わかさぎに串を打ち、焼き目がつくまでグリルで焼く。

2 **1**を160度の油（分量外）で揚げ、泡が小さくなったらあげて冷ます。再度180度の油で揚げる（二度揚げ）。

3 **2**に熱湯（分量外）をかけ、半量の南蛮酢につける。

4 れんこんは皮をむいて四つ角を切り落とし、かつらむきにする→【巻く・イ／ロ】。酢（分量外）を少し入れた熱湯で透明になるまでゆで、残りの南蛮酢に5分つける。

5 わかさぎを**4**で巻き、あさつきを間に差し入れ、南蛮酢の赤唐辛子を小口に切り、飾る。

【巻く】

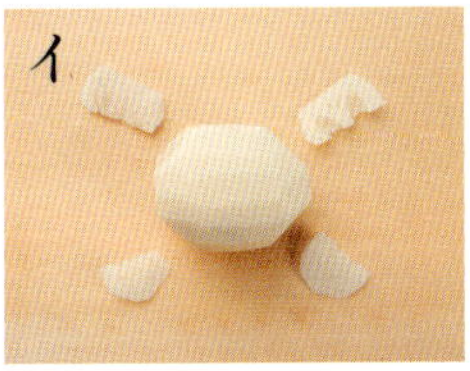

れんこんの角があるままだとかつらむきがしにくいので、横から見たときにだ円になるよう4か所を切り落とします。

切り落とした4か所のひとつに包丁をあて、れんこんを縦にまわしながらかつらむきにしていきます。最初は厚めでもよいですが、徐々に薄くなるように。

【巻く】

巻とさよりの黄身寿司

「巻」とは、車海老のことを意味します。
甘酢を合わせた黄身をしゃりに見立て、
さより、車海老、
きゅうりを斜めに巻きました。
手綱文様の美しい彩りに
心ひかれます。
巻くのが難しそうに思えますが、
ラップを使えば上手にできます。

先附

材料（4人分）

車海老……4尾
さより……1本
きゅうり……1/4本
卵……2個
〈酒塩〉
酒……大さじ2
水……大さじ2
塩……小さじ1/2
〈たて塩〉（P20と同量を同様に作る）
〈甘酢〉（P20と同量を同様に作る）

作り方

1 海老は頭と背わたを取り、竹串を身がまっすぐになるように打ち、鍋に酒塩の材料を合わせ、煎る。冷水にとり、冷めたら串を抜いて殻をむき、厚みを半分に切る。

2 さよりは三枚におろして腹骨をすき取り、たて塩に10分つける。水気をきり、海老と同じ長さの斜め切りにする。

3 きゅうりは、海老と同じ長さに切り、縦半分に切ってから、2㎜ほどの薄さの長い帯状に切り、たて塩に10分つける。

4 卵は水から15分ゆでて固ゆでにし、卵黄と卵白に分ける。卵黄を裏ごしし、混ぜ合わせた甘酢大さじ1程度を加えてなじませる。

5 ラップを20㎝長さで切り、横長におく。きゅうり、海老、さよりの順に並べ、棒状ににぎった**4**をのせ、ラップで巻きながら形作る→【巻く・イ〜ニ】。

6 15分ほどおいてなじませ、5㎝長さに切る。

巻の黄身寿司

材料（4人分）

車海老……4尾
卵……1個
〈甘酢〉（P20の半量を同様に作る）
酢どり生姜……適宜

1 上記作り方**1**と同様にゆでて殻をむいた海老の腹側から包丁目を入れて開く。

2 上記作り方**4**を小さくにぎり、**1**ではさんで形作る。

3 上記作り方**6**と同様にして器に盛り、好みで酢どり生姜を添える。

【巻く】

ラップを敷き、きゅうり、海老、さよりの順番に斜めにおきます。このとき少しずつ重なるようにおきます。

斜めにおいたきゅうり、海老、さよりの中央に、裏ごしした卵黄を棒状ににぎってのせます。

ラップを下から持ち上げ、くるりと巻きます。

丁寧に成形しながら巻いていきます。

刺身

旬の魚のお刺身は、
切り方、盛り付け方、
くるりと巻いたつまの飾りで
味の感じ方が大きく変わります。

【重ねる】平作り

サクに包丁を直角にあて、
そのまま引くようにして切るのが
平作りです。
少しずらして重ね、
角をそろえて盛り付けます。

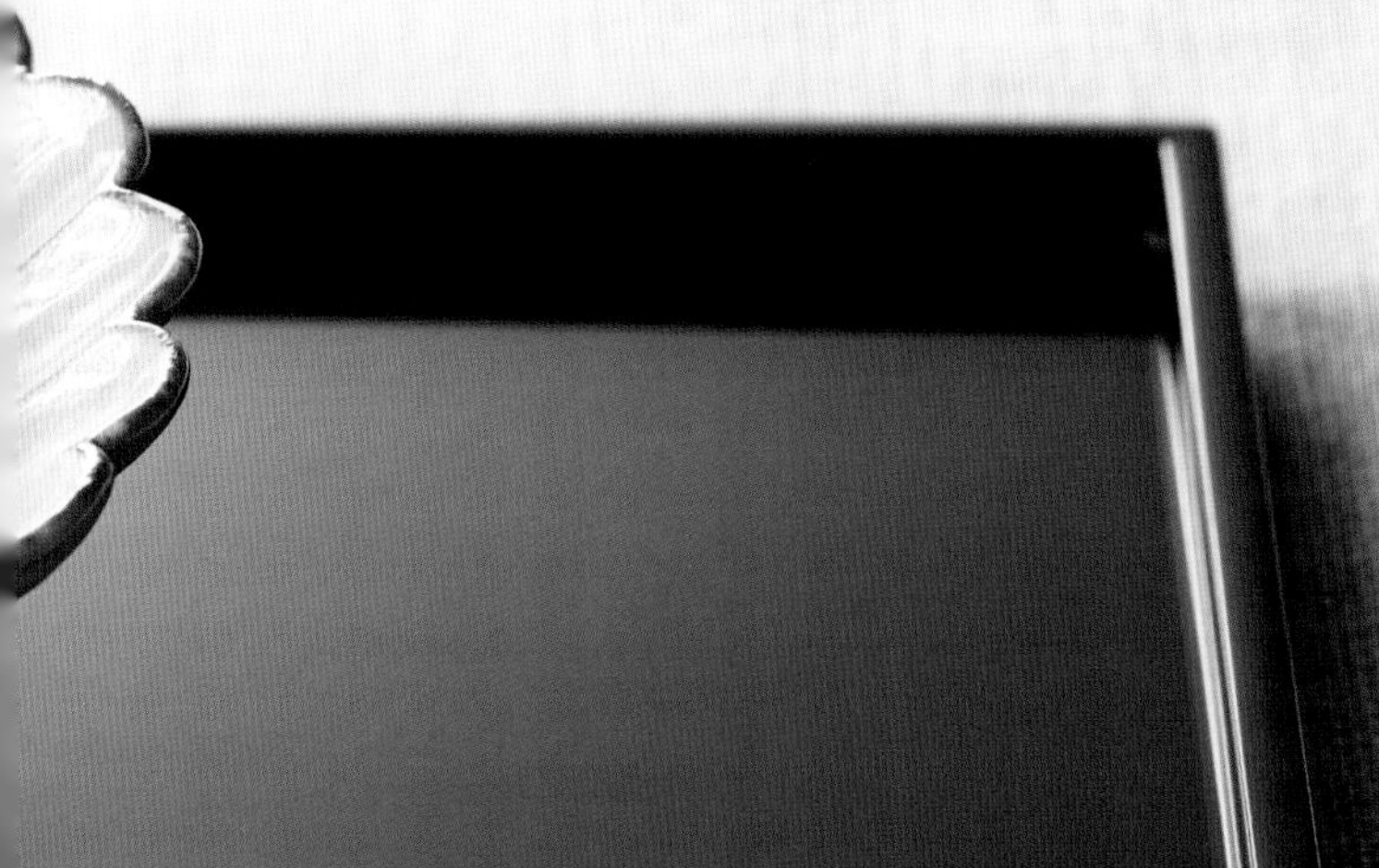

35　刺身

【重ねる】

切り重ね

鮪は四方に切って積み、
そぎ切りにした鯛は
折りたたんで重ねます。
切り方ひとつで
こんなにも表情を変えます。

【重ねる】

細作り

細作りは、白身魚でよく見られる切り方です。柳刃包丁の刃の長さを最大限に使い、斜めに引きます。

【重ねる】平作り

材料（4人分）

まぐろ（赤身）……1さく
真鯛……1さく
大根ツマ、よりにんじん、
　よりうど（P45参照）……各適量
大葉……4枚
錨《いかり》防風《ぼうふう》（P44参照）……4本
おろしたわさび……適量

作り方

1 まぐろのさくをまな板の左手前におき、さくの右側から好みの厚さに切る。切った身はまな板の右手前に並べる（平作り）→【重ねる・イ／ロ】。鯛のさくも同様にする。

2 器に大根ツマを少量おき、その上に大葉を敷く。平作りにしたまぐろと鯛を盛る。手前によりにんじん、よりうど、わさび、錨防風を添え、大根ツマを後ろに立てる。

【重ねる】

イ

包丁は柳刃を使い、身の手前角に刃元を当て、刃全体を使って一気に引き切ります。

ロ

切った身は包丁から離さずにそのまま右側に持って行き、右手前のところで包丁をやや右に倒して身を離します。

【重ねる】
切り重ね

材料（4人分）
真鯛……1さく
まぐろ（赤身）……1さく
おかひじき、よりきゅうり（P44、45参照）、岩海苔、おろしたわさび……各適量

作り方
1 鯛のさくをまな板の右手前におき、さくの左側から薄くそぎ切りにする。切ったものはそのまま手を離さずに折りたたんで重ねる（切り重ね）→【重ねる・イ／ロ】。
2 まぐろのさくは、1cm程度の角切りにする。
3 器に鯛の切り重ねを盛り、手前にまぐろを重ねて盛る。奥におかひじきを高く添え、手前によりきゅうり、岩海苔、おろしたわさびを添える。

【重ねる】

そぎ切りは、包丁を右斜めに寝かして大きく引くようにします。

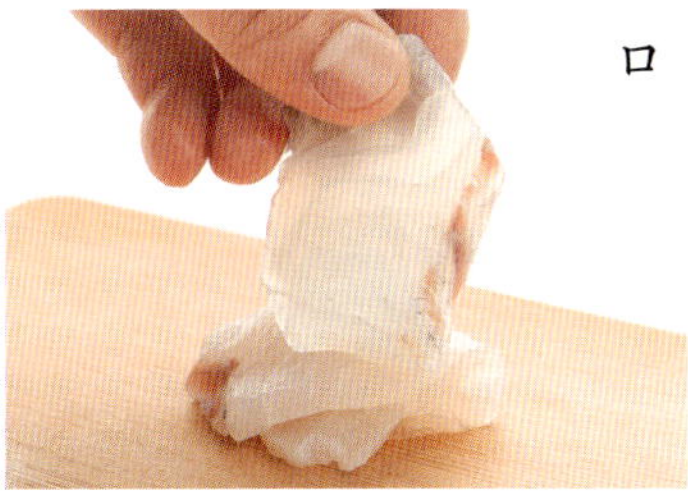

鯛の刺身は、折りたたむようにして積み重ねます。

【重ねる】
細作り

材料（4人分）
きす……4尾
そぎみょうが、大根葉の唐草《からくさ》、大葉、花穂（P44、45参照）、おろしたわさび……各適量
〈たて塩〉（P20と同量を同様に作る）

作り方
1 きすは三枚におろして小骨を除き、たて塩に10分つける。
2 皮を下に尾のほうを左にしてまな板におき、尾のほうの端に切り目を入れ（包丁の背側を使って）、皮を引っ張りながら包丁を動かし、皮を引く。
3 皮目を上にしておき、斜め45度以上の角度で細切りにする→【重ねる・イ】。このとき、包丁の切っ先で切ると、身がまな板についたままになり、あとで盛りやすい。
4 細作りにしたきすを菜ばしで数切れ取り、重ねておく→【重ねる・ロ】。器に大葉を敷き、重ねたきすを盛る。奥にそぎみょうがを添え、手前にわさび、花穂、大根葉の唐草を添える。

【重ねる】

斜めに長く包丁を入れて切ります。

菜ばしでくるりと丸めるようにして高さを出します。

【巻く】

平目の落とし文

初夏に見られる、
まるで中になにかを包んだような、
筒状に巻かれた小さな葉のことを
風雅に、うぐいすの落とし文といいます。
その形を映し、針のように細く切った
色とりどりの野菜を平目でくるりと巻きました。
薄作りにした平目から野菜の色が透け、
なんとも繊細で美しいお料理に。

材料（4人分）

- ひらめ……1さく
- にんじん……少量
- セロリ……少量
- かぼちゃ……少量
- きゅうり……少量
- みょうが……少量
- おろしたわさび……適量
- 大根おろし……150g
- オリーブ油……適量
- しょうゆ……適量

作り方

1 野菜はそれぞれ3cm長さのごく細いせん切りにして、水につける。

2 ひらめは薄いそぎ切りにし、水気をきった**1**をそれぞれのせて巻く→【巻く・イ／ロ】。

3 器に**2**を重ねて盛り、わさびを添える。別の器に水気を軽くきった大根おろしを盛り、オリーブ油をまわりに注ぎ入れ、しょうゆを加えて添える。

【巻く】

まな板に平目を並べ、ごく細く切った食材をそれぞれのせます。ひとつずつ巻くのではなく、並べて一気に巻くと効率がいいです。

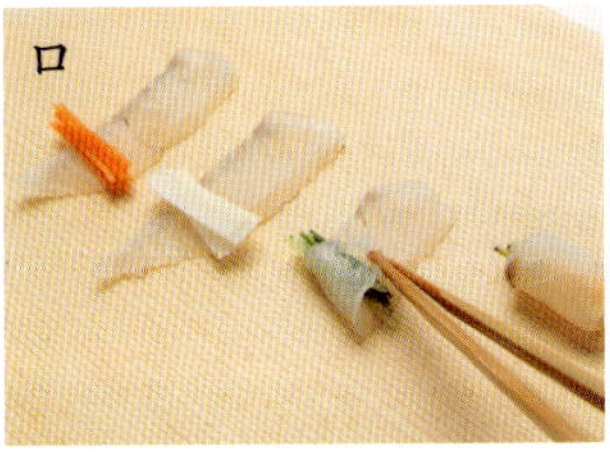

手前から菜ばしでくるくると巻きます。

☑ 料理をおいしくするコツ

［作り方**3**］で、オリーブ油をまわりに注いでからしょうゆを加えると、油の下にしょうゆがたまり、大根おろしがしょうゆを吸い上げます。雪山のような大根おろしがきれいに染まっていきます。

【巻く】
いかのお作り三種

いかで海苔をくるりと巻いた「唐草いか」は白と黒の対比が印象的。香ばしさを備えた「焼き目いか」に、たまごをかかえた「巣ごもりいか」。お作り三種としました。

刺身

材料（4人分）

やりいか（400gのもの）……1杯
海苔……1枚
うずらの卵黄……4個
おろし生姜……20g
米海苔、とさか海苔などの海草、錨防風（P44参照）……各適宜

作り方

1 いかは足を抜き、軟骨を抜いて皮をむき、胴体を切り開く。長方形（唐草いか用・下記A）と、3cm幅の帯状（焼き目いか用・下記B）に切る。残りのいかはとがったほうを上にして縦3等分に切る（巣ごもりいか用・下記C）。

2 唐草いかを作る。下記Aのいかの短い辺に沿って5mm間隔で表身に切り目を入れる。裏返し、いかと同じ大きさに切った海苔をのせて巻き→【巻く・イ／ロ】、小口から5mmに切る。

3 焼き目いかを作る。下記Bのいかに、しっかりと焼いた金串を押しつけて2本の焼き目をつけ、1cm幅に切る。

4 巣ごもりいかを作る。下記Cのいかはそれぞれ細切りにして丸く重ね、中にうずらの卵黄を落とす→【巻く・ハ】。

5 器に**2**、**3**、**4**を盛り、おろし生姜、好みで米海苔、とさか海苔、錨防風とともに盛りつける。

【巻く】

イ

端から、切り離さない程度の深さで切り目を全体に入れます。

ロ

いかの長い辺をくるくると巻きます。

ハ

鳥の巣を作るように交互に重ねます。中央はうずらの卵黄を入れるのでくぼみを作っておきます。

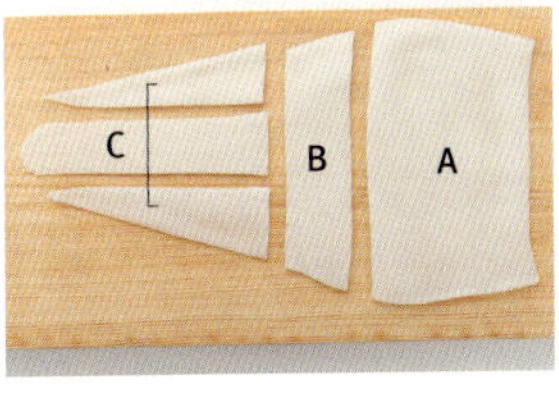

☑ 料理をおいしくするコツ

［作り方**1**］では、料理の用途に合わせて、切り分けます。**A**が唐草いか用、**B**が焼き目いか用、**C**が巣ごもりいか用です。
［作り方**2**］で巻いたいかを切るときは、切るたびに包丁をぬれ布巾で拭くと、きれいに仕上がります。

【巻く・重ねる】

ツマ

ツマは、
さまざまな切り方で刺身を彩ります。
見た目だけでなく、
消化を助け、殺菌効果があるなどの効能や、
盛りつけに高さを出したり、
口の中を改めて刺身の味を
よりひきたてる役目もあるのです。

そぎみょうが

花穂

錨防風

おかひじき

紅蓼《べにたで》・青蓼《あおたで》

大葉

大根ツマ

よりにんじん

よりきゅうり

大根葉の唐草

よりうど

【巻く】よりにんじん

※よりうど、よりきゅうりも同様の方法で作ることができます。

材料と作り方

にんじん（4㎝）は皮をむき、薄いかつらむきにする。まな板に広げ、斜め45度以上の角度で6～7㎜幅の斜め切りにして、冷水にとる。好みでバチ形や、くさび形にすることもできる↓【巻く・イ～ハ】。

【巻く】

斜め45度以上の角度に切ることで「より」が出ます。角度が小さいと、らせんが弱くなります。

1本切り目を入れてから切り離せば二重よりの形に（写真左）、先を細くして切ればくさび形（写真右）になります。

らせん状に巻いて冷水に入れると形がしっかりとします。

【巻く】大根葉の唐草

材料と作り方

大根葉（10㎝）は、軸から葉をしごき取り、丸みを帯びたほうを上にしておく。包丁を寝かせるようにして斜めに入れ、切り込みを入れる。縦に細く切り、冷水にとる↓【巻く・イ～ハ】。

【巻く】

なるべく深く切り込みを入れると、できあがりがきれいです。ただし、切り離さないように注意。

縦に細く切ります。

水につけて20分ほどすると丸まり、唐草になります。

【巻く】錨防風

材料と作り方

防風（1本）は軸を3cm残して切る。軸をまち針で数回裂き、冷水にとる→【巻く・イ～ハ】。

【巻く】

イ

赤い軸の部分が3cm長さになるように切ります。

ロ

葉から5㎜くらいのところにまち針を通し、切り口に向かって裂きます。

ハ

水につけて15分ほどすると、裂いた部分が丸まります。

【重ねる】そぎみょうが

材料と作り方

みょうがたけを回しながら薄くそぐように切り、冷水にとる。みょうがの場合は、外皮を数枚むいて半分に切って芯を取り除き、平らにして斜め細切りにし、冷水にとる→【重ねる・イ～ハ】。

【重ねる】

イ

みょうがたけは、鉛筆のような形にしながらそぐように切ります。

みょうがで作るとき

ロ

縦半分に切ったら、芯のところをV字に切り取ります。

ハ

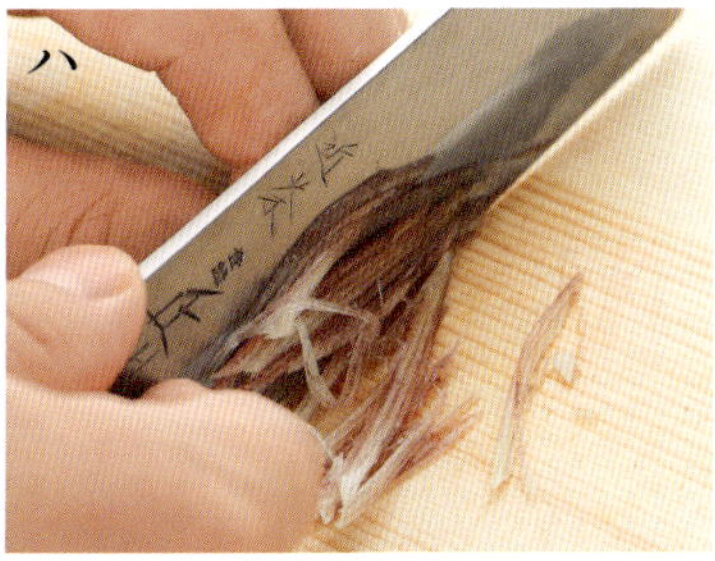

まな板にみょうがを広げ、端から斜めに細く切っていきます。

大根ツマ

材料と作り方

大根（4～5cm）は皮をむいてかつらむきにして繊維に沿ってせん切りにし、冷水にとる。10分ほどすると、互いが絡み合う。

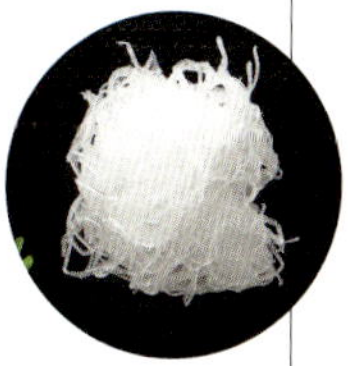

おかひじき

材料と作り方

おかひじきは塩をひとつまみ入れた熱湯でゆで、冷水にとる。

花穂、紅蓼・青蓼、大葉

材料と作り方

さっと洗って水気をとる。

揚げ物

さくさくとした
食感が楽しめる揚げ物に
素敵な演出を施しました。

【結ぶ・包む】

とり手《た》綱《づな》揚げと獅《し》子《し》唐《とう》射《い》込《こ》み揚げ

やわらかなとりの胸肉を手綱に結び、
外はさっくり、中はしっとりと揚げました。
中央に切り目が入ると火が通りやすく、
長時間揚げて身が固くなるのも防げます。
細長いサイズなので、
お弁当にもぴったり。
つけ合わせのししとうには、
とり肉を射込んで揚げています。

【結ぶ・包む】
とり手綱揚げと獅子唐射込み揚げ

材料（4人分）

とり胸肉……1/2枚
しょうゆ……大さじ1
おろし生姜……20g
ししとう……8本
片栗粉……適量
揚げ油……適量

作り方

1 とり肉は縦半分に切り、繊維に沿ってそぎ切りにする。長方形に整え、切り落とした肉は**5**で使う。とり肉の中央に1cmほどの切り目を入れる→【結ぶ・イ～ハ】。

2 しょうゆとおろし生姜を合わせ、**1**（切り落とした肉とともに）を10分ほどつけ、下味をつける。

3 切り目を入れたとり肉の汁気を拭き取り、片栗粉を全体にまぶし、とり肉の端を切り目に通して、手綱結び※にする→【結ぶ・ニ】。

4 揚げ油を180度に熱し、**3**をきつね色になるまで揚げる。

5 ししとうは軸を切り落とし、包丁で縦に穴を開けて種を除き、**1**で切り落としたとり肉を詰め→【包む】、170度の揚げ油で揚げる。

☑ 料理をおいしくするコツ

［作り方**1**］では、とり肉を繊維に沿ってそぎ切りにすることで火が通ってもやわらかく、また長方形に整えやすくなります。

［作り方**5**］作り方**1**で形を整えるために切り落としたとり肉を、ししとうの中に詰めます。切り落としを詰めるだけですが、ししとうの素揚げとはひと味違うこっくりとした味わいです。このように、わずかな部分でも無駄にせず、上手に活用しましょう。

揚げ物

【結ぶ】

イ

とり肉は繊維に沿ってそぎ切りにします。

ロ

長方形に整えます。切り落とした部分はししとうに詰めるので取っておきます。

ハ

長方形にしたとり肉の中央部分に1cmほどの切り目を入れます。

ニ

とり肉の切り目に端を通すと、手綱の形になります。

【包む】

とり肉を長方形に整えたときに出た切り落とし部分をししとうに詰めます。

※
手綱結び

馬の手綱に似ていることからこの名前がつきました。こんにゃくやかまぼこによく用いられ、おせち料理には欠かせません。これには幸せを引き寄せて、縁を結ぶという意味が込められている、縁起のいい料理名だからです。手綱結びのほかにも、結び三つ葉や結び昆布など「結び」とつく料理にはそのような意味があります。ここでは、とり肉を手綱結びにしています。手綱結びにすることで、見た目に変化が出るばかりでなく、火が通りやすく、味もしっかりとふくませることができます。

【包む】

かにしんじょ揚げ

四種のしんじょ揚げは、
いずれもひと口サイズ。
つまんで食べやすいよう、
巻き方を工夫しました。
姿に変化がつき、
食感がそれぞれ異なるので、
その違いも楽しめます。

揚げ物

材料（作りやすい分量）

春巻きの皮（四角形のもの）……6枚
白身魚のすり身……100g
水だし（昆布を水に2時間ほどつけたもの）……30㎖
みりん……小さじ1
ずわいかにの脚……150g
枝豆……100g
卵白……1個分
揚げ油……適量
天つゆ……適宜

作り方

1 すり鉢に白身魚のすり身を入れてよくすり、水だしを少量ずつ加え、すりながら伸ばす。さらにみりんを加えて混ぜる。

2 枝豆はゆでてさやから出し、薄皮をむく。

3 （P52写真上より）棒春巻きを作る。春巻の皮の角を手前にしておき、**1**を15gほど細長く伸ばし、かにの脚2本と枝豆を並べる。手前の皮をかぶせ、左右を折りたたんで棒状に巻く。巻き終わりは、**1**を少しつけて留める。

4 行《ぎょう》包み揚げを作る。春巻きの皮を四角に4等分に切り、角を手前にしておく。**1**を3g、ほぐしたかにの脚、枝豆をのせる。三角に半分に折り、頂点を折りたたむ。左右の端を合わせて、**1**で留める→【行に包む・イ～ハ】。

5 袱紗包み揚げを作る。春巻きの皮を四角に4等分に切り、角を手前にしておく。**1**を6g、ほぐしたかに、枝豆をのせる。手前、左、右の順に折りたたみ、**1**を少しつけて巻き留める。

6 三角包み揚げを作る。春巻きの皮を三角形に4等分に切り、底辺を手前にしておく。**1**を6g、ほぐしたかにの脚、枝豆をのせ、角を折りたたむようにして、三角に包む→【三角に包む・ニ～ヘ】。

7 卵白をよく溶き、刷毛で春巻きにまんべんなく塗り、160度の揚げ油で色よく揚げる。好みで天つゆを添える。

【行に包む】

春巻きの皮の中央に具をのせます。

具の幅に合わせて頂点を手前に折ったら、はみ出した部分を折り返します。

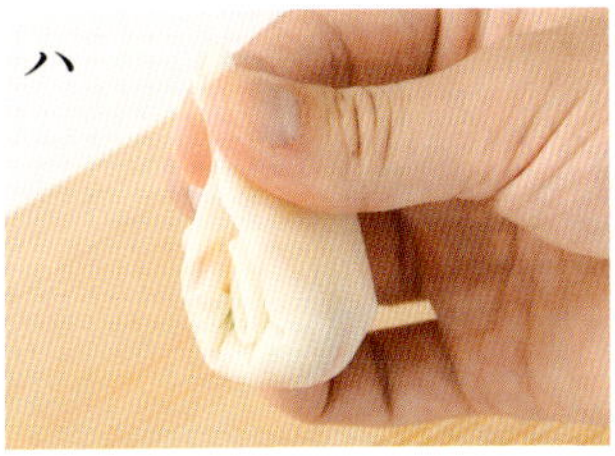

左右を合わせて、すり身を糊代わりにして留めます。

【三角に包む】

具をのせ左角を折りたたみます。

右角を折りたたみ、はみ出した部分は内側に折り込みます。

上の三角の部分の頂点にすり身を少しつけ、かぶせて留めます。

揚げ物

【巻く】
鰯のおぼろ昆布揚げ

夏が旬の青魚。梅肉と大葉を包んで
さっぱりと食べましょう。
おぼろ昆布の繊維をいかして、
くるくると巻くと、
楊枝などを使わなくても巻いた鰯が開きません。
ふわ、さく、とした衣の中に、
さやいんげんの歯ざわりが
楽しめるひと品です。

材料（4人分）

いわし（大羽）……2尾
塩……適量
梅肉……大さじ1
大葉……4枚
さやいんげん……8本
おぼろ昆布……適量
〈衣〉
卵……1個
水……100㎖
薄力粉……45g
片栗粉……大さじ1

揚げ油……適量
レモン……適量

作り方

1 いわしは頭と内臓を除いてから手開きにして、骨を取り除く。

2 いわしの身の厚みのあるところに包丁を寝かせて入れて開き→【巻く・イ】、身を平らにし、塩をふって5分ほどおく。

3 余分な水気を拭き取り、梅肉を塗り、大葉を敷いて、ゆでたいんげんをのせて巻く→【巻く・ロ／ハ】。

4 **3**におぼろ昆布を巻きつける→【巻く・ニ】。

5 ボウルに衣の材料を混ぜ、**4**をからめて180度に熱した揚げ油で揚げる。食べやすい大きさに切って器に盛り、レモンを添える。

【巻く】

イ

包丁を寝かせていわしの厚みを均等にします。

ロ

いわしに梅肉を手で塗ります。

ハ

梅肉を塗ったいわしに、大葉、さやいんげんをのせて端から巻いていきます。

ニ

梅肉、大葉、さやいんげんを巻いたいわしをさらにおぼろ昆布で巻いていきます。

煮物・蒸し物

煮物は、素材の味をいかしつつ、
だしや調味料の味を
じっくり含めます。
蒸し物は、蒸気で火を入れ、
素材の味を直に味わいます。

【包む・結ぶ】福袋

煮汁をたっぷりと含んだ油揚げの中には、
さまざまな野菜が詰めてあって、
福を授かりそうなお料理です。
そのおめでたい名前から、
お祝いの席に。
また、野菜だけを使うので、
精進料理の献立にも組み入れてください。
栗や銀杏、お餅を入れると、
また違ったおいしさが味わえます。

【包む・結ぶ】福袋

材料（4人分）

油揚げ……4枚
かんぴょう……2本
にんじん（3㎝長さのもの）……80g
れんこん……60g
しいたけ……2枚
しらたき……1/2玉
きくらげ……少量
グリーンピース……40g
百合根……40g
〈煮汁〉
だし……3カップ
砂糖……大さじ2
しょうゆ……大さじ2と1/2
酒……大さじ1

きぬさや……8枚
練り辛子……適宜
塩……適量

作り方

1 油揚げは、半分に切って熱湯で1分ゆでて余分な油を除く。かんぴょうは水でもみ洗いし、塩小さじ1（分量外）をもみ込んで10分おき、熱湯で8分ゆでる。太い場合は縦半分に切る。

2 にんじんは、せん切りにする。れんこんは薄いイチョウ切りにして酢水（分量外）につける。しいたけは、軸を取ってせん切りにする。しらたきは、熱湯にさっと通し、3㎝長さに切る。きくらげは、水で戻して石づきを取り、せん切りにする。グリーンピースは、塩をひとつまみ入れた熱湯でゆでて水にとる。百合根は、1片ずつはがす。

3 **2**を大きめのボウルに入れて、全体を混ぜ合わせる。

4 **1**の油揚げを袋状に開いて**3**を詰め、袋をたたんで閉じ、かんぴょうで結ぶ→【包む・結ぶ・イ～ホ】。このときかんぴょうは長いまま使い、結んでから余分を切る。

5 鍋に煮汁の調味料を合わせ、**4**を結び目が下になるように入れる。落とし蓋をして中火で煮汁が約半分になるまで12分ほど煮て、最後に色よくゆがいたきぬさやを入れて味を含ませる。

6 器に盛って煮汁を張り、好みで練り辛子をぽつりとおく。

煮物

☑ 料理をおいしくするコツ

［作り方1］で油揚げの油抜きは必ずしましょう。油がついたままの油揚げを使うと、油で調味料をはじいてしまい、味がしみこみにくくなります。また、仕上がりが油っぽくなってしまいます。

［作り方4］のかんぴょうは長いまま用い、結んでから余分を切りましょう。あらかじめ短い長さに切っておくよりも、このほうが効率的です。

［作り方5］でかんぴょうの結び目を下にして鍋に並べ入れると、結び目が常に煮汁に浸っていることになり、味がしっかりしみます。

【包む・結ぶ】

油揚げの角まで具がいくようにしっかりと詰めます。煮るとかさが減るため、やや多めに。

油揚げの袋を閉じます。片側をしっかりとおさえます。

もう片側をかぶせます。煮ると具のかさが減ってゆるくなるので、きつくたたむのがポイントです。

かんぴょうで結ぶときは2回結ぶようにます。1回目はほどけないようにしっかり結びましょう。

2回目は、結び目がきつくしまっていると味がしみにくいのでゆるめに。

【包む】豚の角煮

おはしで切れるほど
やわらかなのに
形が崩れないのは、
大根おろしとともに
竹の皮で包んで下蒸しするから。
仕上げにひとさじの砂糖を加え、
食欲そそるツヤと、
口にした瞬間のコクを与えます。

煮物

材料（4人分）

豚バラかたまり肉……700g
大根……1/2本
ごぼう……1/2本
だし……400㎖
A 砂糖……大さじ5
酒……大さじ1
しょうゆ……大さじ4
砂糖（追い砂糖）……大さじ1
練り辛子……適宜

作り方

1 大根をおろす。

2 竹の皮を広げ、豚肉をのせる。大根おろしで豚肉全体を包み込み、さらに竹の皮で包んで、裂いた竹の皮のひもで結んで開かないようにする（竹の皮の代わりにクッキングシートで巻いてもよい）→【包む・イ～ハ】。

3 **2**をバットにのせ、しっかりと蒸気のあがった蒸し器に入れて中火で3時間蒸す。この間、水が足りなくなるので、水を足しながら蒸す。

4 ごぼうは、皮をこそげ落としてから、包丁の先を使って、先を尖らせるように細くささがきにする。切ったごぼうはすぐに水にさらしてアクを抜く。

5 蒸した**3**を弱い流水で、丁寧に大根おろしを洗い流す（熱いのでボウルに水をためて冷ましながら洗うとよい）。

6 **5**の豚肉を3㎝ほどの厚さに切る。

7 鍋にだしと**6**を入れて火にかけ、落とし蓋をする。

8 沸いてきたら、**A**を入れる。3分ほど煮てからしょうゆを加え、煮汁が約半分程度になるまで中火で煮る。

9 豚肉に味がしみたら、最後に砂糖大さじ1をふり入れて、10秒ほど強火にして、さらにツヤを出す。

10 **4**の水気をきり、**9**に加えて1分ほど煮て、味を含ませる。

11 器に**10**の角煮とごぼうを盛りつけて、好みで練り辛子をぽつりとおく。

☑ 料理をおいしくするコツ

[作り方**6**]では、豚バラ肉をしっかりと冷ますと切りやすくなります。
[作り方**9**]の追い砂糖がツヤを出し、煮汁と豚肉の絡みもよくなります。肉にしみた甘さとの味わいの違いもポイントです。

【包む】

イ

大根おろしをまんべんなく広げて豚バラ肉を包みます（この大根おろしが豚肉のクセと余分な脂を除いてくれる）。竹の皮は、両端を5㎜ほど切り取り、最後に結ぶひもとして使います。

ロ

竹の皮の奥と手前を持ち上げておいて、左右をたたんで豚バラ肉をしっかり包みます。

ハ

最初に取っておいた竹の皮で、2か所結びます。

【巻く・結ぶ】

とりの黒酢煮

とり肉が驚くほどやわらかく、
しっとりとしていてジューシーなのは、
下ゆでに使用した
番茶に含まれるタンニンのおかげ。
下ゆでが済めば、
あとはこっくり味の汁につけて
味を含ませるだけです。
冷めてもこのおいしさとやわらかさは
変わらないので、
お弁当やおせち料理の
一品にもおすすめです。

煮物

材料（4人分）

とりもも肉……2枚
塩……適量
〈下ゆで用の番茶〉
番茶……大さじ2
水……5カップ
〈つけ汁〉
しょうゆ……大さじ3
砂糖……大さじ2
黒酢……大さじ3
はちみつ……大さじ1
山椒（有馬山椒）……大さじ1
いんげん……50g
長ねぎ……2cm長さを2本
一味唐辛子……適宜

作り方

1 とり肉は厚い部分をすき取って薄い部分に重ねて厚みを均等にし、薄く塩をふって下味をつけ、10分おく。

2 とり肉を手前からくるくると巻き、タコ糸でしっかりと巻いて結ぶ→【巻く・結ぶ・イ〜ハ】。

3 番茶を水から煮出しておき、その中で**2**を20分ゆでる。

4 ポリ袋につけ汁の調味料を合わせ、**3**を入れ、ときどき回しながら30分ほどつけて味をしみ込ませる。

5 いんげんは熱湯で塩ゆでして水にとり、食べやすい長さに切る。長ねぎは縦に切り目を入れて芯を除き、繊維に沿ってせん切りして水にとる。

6 **4**の肉を食べやすい厚さに切って器に盛り、いんげん、長ねぎを添えて好みで一味唐辛子をふり、**4**のつけ汁をかける。

☑ **料理をおいしくするコツ**

［作り方**2**］でとり肉を巻くことで、ゆっくりと火が通ります。こうすると、肉汁が逃げず、固くなるのを防げ、ジューシーに仕上がります。

【巻く・結ぶ】

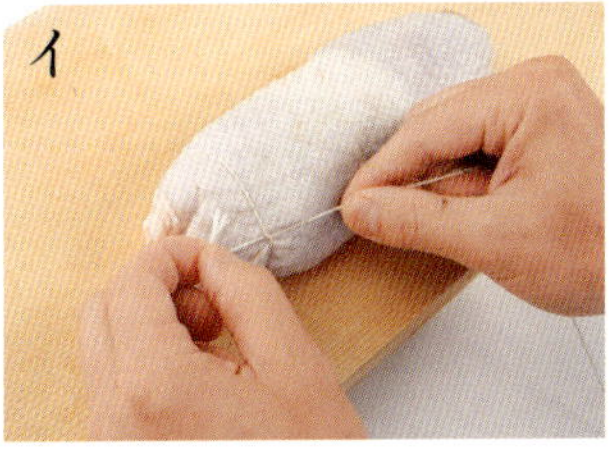

とり肉の下にタコ糸をくぐらせ、端で結びます。

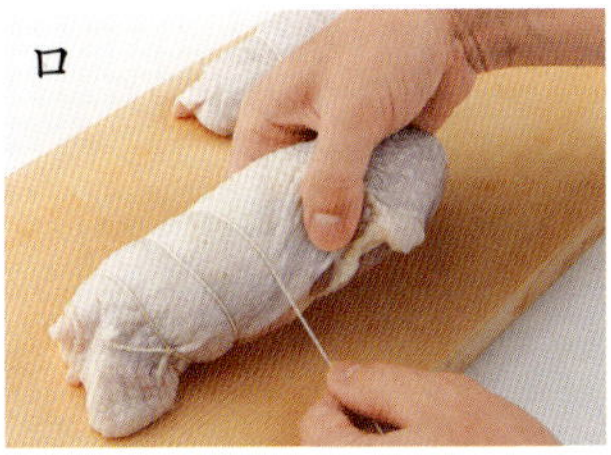

均等幅になるように、とり肉にタコ糸を巻いていきます。

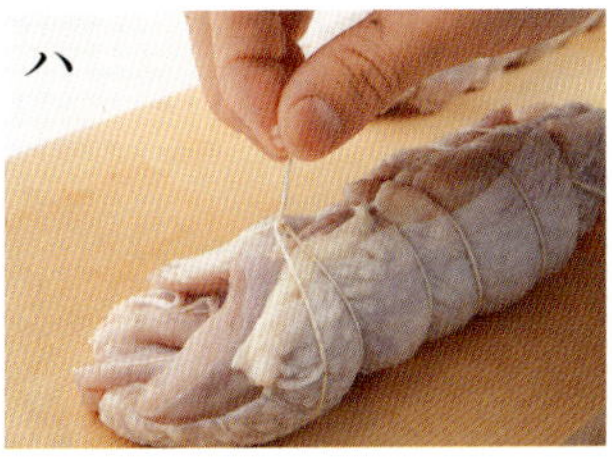

端まで巻けたら、結んで余分を切ります。

【結ぶ】五目豆

家庭のお惣菜として定番の五目豆ですが、
五目のひとつのこんにゃくを
手綱の形にすると、
煮豆に変化が生まれます。
大豆の大きさに合わせた
小さな小さな手綱こんにゃくが
なんとも愛らしく、
まるで宝物箱を開けるような
うれしさまでも味わえます。

煮物

材料（作りやすい量）

大豆……1と1/4カップ
重曹……小さじ1/2
昆布……10cm

A
砂糖……大さじ7
淡口しょうゆ……大さじ2
みりん……大さじ1
酒……大さじ1

にんじん……150g
れんこん……80g
こんにゃく……1/2枚

B
砂糖……大さじ7
淡口しょうゆ……大さじ1/2
しょうゆ……大さじ1と1/2
みりん……大さじ1

作り方

1 大豆はよく洗ってボウルに入れて重曹を加え、たっぷりの水を張って一晩おく。

2 十分に膨らんだ豆を、浸した水ごと鍋に入れて火にかけ、煮立つまでは強火、煮立ったら弱火にして、アクを取りながらやわらかくなるまで約40分ゆでる（ときどき水を足す）。

3 豆がやわらかくなったら、ゆで汁を捨て、新しく水を張って火にかけ、煮立ったら湯を捨てて重曹の味を抜く。

4 **3**の豆にもう一度ひたひたの水を張り、水でもどして小さい短冊状に切った昆布を加え、弱火にかけて昆布がやわらかくなるまで煮る。

5 昆布がやわらかくなったのを確かめてから、**A**の砂糖を1/3量ずつ4〜5分間隔で3回に分けて加える。2回目の砂糖を入れたとき、残りの調味料を加え、煮汁が少なくなるまで煮て、そのまま冷ます。

6 にんじんは1cmのさいの目切り、れんこんは薄い半月に切って酢水（分量外）につける。こんにゃくは5mm厚さに切り、中央に切り目を入れて手綱結びにし、熱湯でゆでる→【結ぶ・イ／ロ】。

7 **6**の材料を鍋に入れてかぶるくらいの水を張り、火にかけてアクを取りながらやわらかくなるまでゆで、**B**を加える。

8 **5**の大豆の鍋と**7**の野菜の鍋を別々に冷まし、冷めてから混ぜ合わせる。

☑ **料理をおいしくするコツ**

大豆と野菜の火の通り時間が違うため、［作り方**5**、**7**］では、大豆と野菜を分けて煮ます。いっしょに煮ると、大豆に火が通るころには、野菜はやわらかくなりすぎてしまうからです。

【結ぶ】

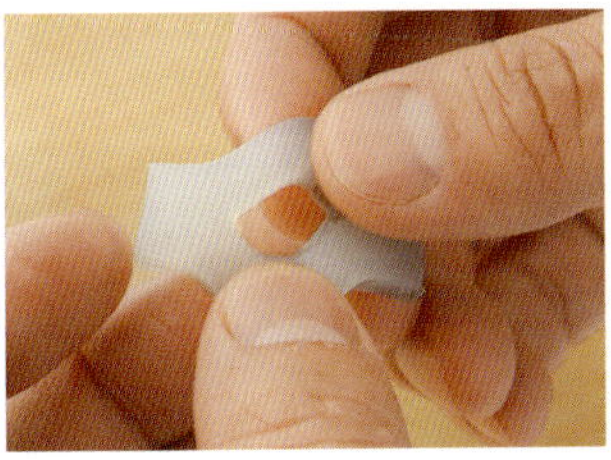

5mm厚さに切ったこんにゃくを4等分に切り、それぞれ中央に縦に切り目を入れます。

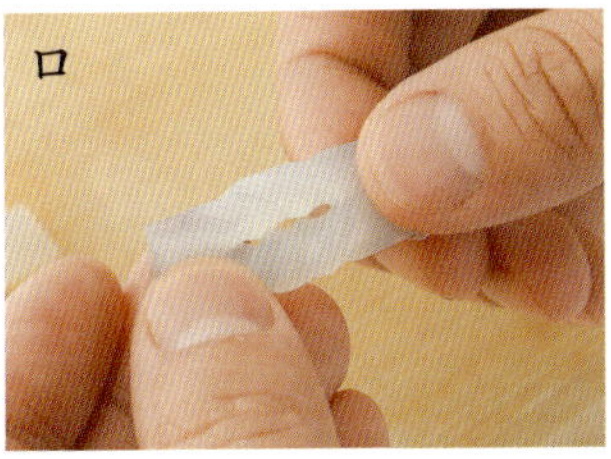

中央の穴に、こんにゃくの片端を通します。小さい手綱こんにゃくのできあがりです。

【重ねる】

トマトとグリーンピースの玉子とじ

緑、赤、黄の彩りが
夏の快活さを感じさせます。
ガラスの器の繊細さによって
涼をもたらす、そんなお料理です。
グリーンピースは空豆や
枝豆に変えてもよいですが、
トマトはだしに合うのでぜひ。
とろみをつけて冷やし、
口あたりよく仕立てます。

煮物

材料（4人分）

- **トマト**……2個
- **グリーンピース**……150g
- **卵**……2個
- **だし**……1と1/2カップ
- **A**
  - **砂糖**……小さじ2
  - **淡口しょうゆ**……小さじ2
  - **塩**……小さじ1/5
  - **酒**……大さじ1
- **片栗粉**……小さじ1

作り方

1 トマトは、へたを取り湯むきにして粗く刻む。

2 グリーンピースはさやから取り出し、熱湯でゆでる。

3 鍋にだしを入れて火にかけ、**A**で調味する。トマトを加えてひと煮立ちさせたら、同量の水で溶いた片栗粉を溶き入れてとろみをつける（火を消して煮汁のほうを混ぜながら加えると、片栗粉がダマになりにくい）。

4 **3**にグリーンピースを加えて、軽く溶いた卵を回し入れ、卵に火が通ったら火を止める。

5 ガラスの器にグリーンピース、トマト、玉子の順に盛る→【重ねる】。

☑ 料理をおいしくするコツ

［作り方**3**］で、煮汁に水溶き片栗粉でとろみをつけるのは、［作り方**4**］で卵がきれいにやわらかく固まるようにするためです。

［作り方**4**］では、盛りつけるときに食材ごとに分けて層に重ねていくので、それぞれが混ざらないようにふり分けて加熱します。

【重ねる】

層になるように重ねていき、最後はふんわりとやわらかく固まった玉子をのせます。

【巻く】

小鯛の桜蒸し

桜色のおこわを
皮目の美しい小鯛で包み、
さらに桜の葉をあしらう
春そのもののお椀です。
桜餅のように巻いて
熱々のあんでとろりと包み込みます。
蓋を開けると桜の香りが広がります。

蒸し物

材料（4人分）

小鯛（150g）……2尾
もち米……1カップ
食紅……少々
桜の葉の塩漬け……4枚
〈葛あん〉
だし……1カップ
砂糖……小さじ1
淡口しょうゆ……大さじ1と1/2
みりん……大さじ1

酒……大さじ2
片栗粉……大さじ1
針生姜（生姜の極細切り）……15g

作り方

1 もち米は、研いでからたっぷりの水につけ、水に溶かした食紅少々、塩小さじ1/6（分量外）を加えて混ぜ、一晩吸水させる。蒸し器にざるをおき、その上にもち米を広げ入れ、蒸気のあがった蒸し器で10分おきに上下を返しながら30分蒸す。

2 小鯛は三枚におろして、腹骨、小骨を取り除く。バットに並べて薄く塩（分量外）をふって5分おき、酒（分量外）をかけて下味をつける。

3 **1**で小さい俵型のおにぎり（1個30g）を4個作り、水気を拭いた小鯛を上からかぶせて巻き、水につけて塩抜きした桜の葉で巻き→【巻く・イ／ロ】、耐熱性の小さい皿に入れて10分蒸す。

4 小鍋に葛あんの調味料を合わせて焦がさないよう火にかけ、水大さじ1（分量外）で溶いた片栗粉でとろみをつける。器に蒸した**3**を盛り、熱い葛あんをかけて、針生姜を添える。

☑ **料理をおいしくするコツ**

［作り方**2**］で三枚におろしたら、小骨もきちんと抜きましょう。ふんわりとした小鯛の身に小骨の異物感があると残念ですから。

【巻く】

小さい俵型のおむすびにしたもち米を、小鯛で包みます。

小鯛のピンク色の美しい皮目も見えるように、桜の葉で包みます。

蒸し物

【重ねる】

豚とキャベツの博多蒸し

豚肉とキャベツを重ねることで、切った断面が博多帯のような層になることから「博多蒸し」の名で呼ばれます。シンプルな手順ですが、すき間のないように敷き詰め、帯のように長方形に切りそろえる、この丁寧さが仕上がりの美しさに生きてきます。

材料（4人分）

豚ロース薄切り肉……200g
キャベツの外葉……5〜6枚
塩……適量
〈ポンス〉
―レモン汁……1個分
―しょうゆ……大さじ1
長ねぎ……3cm
柚子胡椒……適量

☑ 料理をおいしくするコツ

［作り方2］では、重ねたバットごと蒸します。バットが重し代わりとなり、加熱されても膨らまず、きれいに蒸しあがります。

作り方

1 キャベツの葉は芯を取る。バットにキャベツをすき間なく敷き、その上に豚肉を3〜4枚のせ、薄塩をふる。これをあと2回繰り返し、最後にキャベツをのせる。同じ大きさのバットを重ね、上から押さえる→【重ねる・イ／ロ】。

2 バットを重ねたまま、蒸気のあがった蒸し器で10分蒸す。

3 **2**の端を包丁で切り落として、食べやすい大きさに切る。

4 長ねぎは縦に切り目を入れて芯を抜き、白い部分を重ねたまま斜めに切り、少しずらす。

5 器に**3**を盛り、**4**を添え、柚子胡椒をのせる。ポンスの材料を混ぜ合わせて添える。

【重ねる】

イ

キャベツの上に豚肉を重ねます。豚肉はまず大きめのものを全体に敷き、あとから小さめのものをあいているところにのせると、すき間が埋まります。

ロ

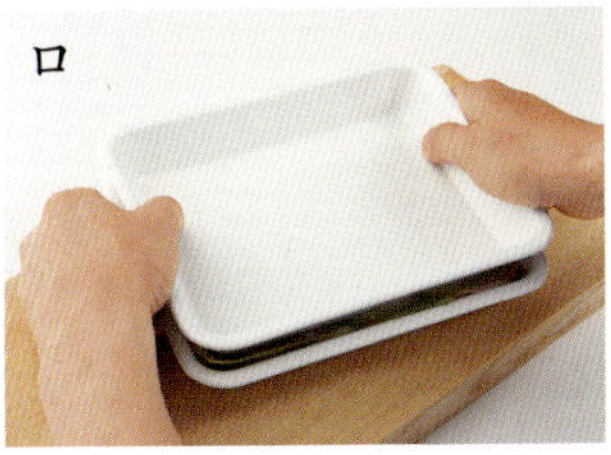

バットを重しにすることで、キャベツと豚肉のすき間がなくなり、仕上がりが美しくなります。

季節のお椀・春

【重ねる】
三彩《さんさい》しんじょ椀

蓋を開ければ
春風がふわりとただよう
お椀です。
口当たりがなめらかなしんじょは
海老・白身・わかめの三層が織りなす
美しい彩り。
木の芽、菜の花、筍に
春の息吹を感じます。

季節のお椀・夏

【包む】水晶海老のお椀

「波に千鳥」の椀は
縁起のよい文様です。
その椀に、
薄葛をまとった水晶海老、
清流を思わせる素麺、
露芝に見立てた青柚が
清涼感をひきたてます。

季節のお椀・秋

【重ねる】

茶碗蒸し

ひと目見て、
どんな具が入っているかがわかるのは、
具が沈まないよう
卵汁を二段に分けて蒸すからです。
このひと手間で、
ずっと華やかになります。
実は、ここで使った器は蕎麦ちょこです。
専用の器でなくても
身近な器を工夫して楽しんで。

季節のお椀・冬

【結ぶ】
白味噌雑煮

まんまるの白いお餅には
「望月信仰」が……。
お餅の上に飾られた
紅白の相生《あいおい》結びは
良縁を運んできてくれそうです。
王花といわれる牡丹花の蒔絵のお椀は
年改まる感慨を伝えます。

【重ねる】三彩しんじょ椀

材料（4人分）

白身魚のすり身……300g
昆布だし……100㎖
卵白……1/2個分
芝海老（殻つき）……100g
わかめ……少々
菜の花……4本
しいたけ……4枚
たけのこ（薄いくし形切りにしたもの）……4枚
〈たて塩〉（P20と同量を同様に作る）
〈本汁〉（P16と同量を同様に作る）
淡口しょうゆ、みりん……各少々
木の芽……4枚

作り方

1 すり鉢に白身魚のすり身を入れてよくすり、卵白、昆布だしを少量ずつ加え、すりながら伸ばす。

2 海老は頭と背わたを取る。たて塩で軽く洗い、水気をよく拭き取り、細かくたたいてからすり鉢でする。

3 わかめは水でもどして筋を取り、熱湯にさっとくぐらせ、みじん切りにする。

4 **1**を**3**つに分ける（海老と合わせるすり身は少し量を少なくする）。そのうちの2つに**2**と**3**をそれぞれ加えて混ぜ合わせ、3色のすり身を作る。

5 流し缶に海老入りのすり身、白身魚のすり身、わかめ入りのすり身の順に詰め、蒸気のあがった蒸し器に入れ、中火で15分蒸す→【重ねる・イ〜ハ】。

6 菜の花と、軸を取ったしいたけ、たけのこは、熱湯でゆでて水にとる。

7 鍋に本汁100㎖を入れ、淡口しょうゆとみりん少々を加え、**6**を入れて下味をつける。

8 **5**を好みの大きさに切って椀に入れ、**7**を添え、熱々の本汁を注ぎ、木の芽を添える。

☑ **料理をおいしくするコツ**

［作り方**5**］すり身を流し缶に入れるとき、流し缶をまな板に落として空気を抜きながら詰めると、流し缶の隅々まですり身がいきわたります。

【重ねる】

イ

海老のすり身を流します。表面をならすときは、ゴムヘラに水をつければくっつかず、なめらかにならすことができます。

ロ

海老のすり身を流し終えたら、白身魚のすり身を流します。

ハ

最後にわかめのすり身を流し、表面をならします。

【包む】水晶海老のお椀

材料（4人分）

車海老……4尾
白瓜……1/4本
そうめん……1把
しいたけ……3〜4枚
本葛……50g
水……250㎖
〈本汁〉（P16と同量を同様に作る）
淡口しょうゆ、みりん……各少々
青柚の皮……適量
〈酒塩〉（P33と同量を同様に作る）

作り方

1 海老は頭と背わたを取り、酒塩の材料で煎り、氷水にとって冷めたら殻をむく。白瓜は薄切りにして種を取り除き、塩ゆでして水にとる。そうめんは端をタコ糸で縛ってゆでる（P115参照）。しいたけは軸を取り、端から厚めに切って熱湯でゆでる。

2 ボウルに葛と水を入れて溶かし、一度漉してから鍋に入れる。火にかけて木じゃくしで混ぜ、鍋底からかたまりが出てきたら火からおろし、よく練って糊状にする。

3 ラップに**2**を30g取り、中心に海老をおく。ラップごと包み、輪ゴムで留める→【包む・イ〜ハ】。

4 ふつふつと沸いた湯に**3**を入れ、透明感が出るまで10分ゆでる。

5 鍋に本汁100㎖を入れ、淡口しょうゆ、みりん各少々を加え、しいたけ、そうめんをさっと煮て下味をつける。

6 **4**のラップを取って椀に入れ、そうめんはタコ糸で結んだ部分を切り落とし、ひねるようして添える（P115参照）。白瓜、しいたけを添え、残りの本汁を熱々にして注ぐ。細く切った青柚の皮を飾る。

【包む】

ラップの上に糊状にした葛を30g取って広げ、その中心部分に車海老をおきます。

ラップごと持ち上げ、海老が見えなくなるように葛で覆い丸めます。車海老は葛で覆いますが、ゆでると葛に透明感が出て海老が透けて見えます。

ラップの四隅を持ち、根元をなん度かねじって輪ゴムで留めておきます。

☑ 料理をおいしくするコツ

［作り方**2**］で、鍋底から写真くらいのかたまりが出てきたら火からおろす合図です。

［作り方**4**］で、火が強いと葛の中に気泡が入るので注意。

【重ねる】茶碗蒸し

材料（4人分）

卵……2個
だし……360㎖（卵1個につき180㎖）

A
塩……小さじ1/2
淡口しょうゆ……小さじ1/2
みりん……小さじ1/2強

車海老……4尾
〈酒塩〉（P33と同量を同様に作る）
とりささみ……100g

B
塩……少量
酒……大さじ1

しいたけ……3〜4枚
かまぼこ（白）……1/2切れを4枚
三つ葉……適宜

作り方

1 海老の頭と背わたを取り、酒塩の材料で煎り、氷水にとって冷めたら殻をむく。

2 とりささみは筋を取ってそぎ切りにし、バットに並べて**B**をかけ、熱湯でさっとゆでる。

3 しいたけは軸を取って、厚めに切り、熱湯でゆでて水にとる。

4 卵は、卵黄と卵白が完全に一体化するまでよく溶き、冷めただしを加えて**A**で調味する。

5 漉し器で**4**を漉し、カラザなどを取り除く。

6 器にとりささみを入れ、**5**の卵汁を器の7割ほど入れる。

7 蒸気のあがった蒸し器に**6**を入れる。菜ばしを2本渡してさらしをかけ、蓋をし、さらしを折り上げ、強火で1分蒸し、中火にして6分蒸す（計7分）。

8 卵汁が固まっていることを確認してから残りの具を上に並べ、残りの卵汁を注ぎ、強火で1分、中火で5分蒸す→【重ねる・イ／ロ】。仕上げに好みで三つ葉を添える。

【重ねる】

すべての具をはじめから入れると沈んで見えなくなってしまうので、彩りのよい海老は一段目の卵汁が固まったところにそっとのせます。

具を彩りよく並べたら、卵汁を注いで再び蒸します。このように二段階で蒸すことで具が表面に見え、仕上がりが美しくなります。

☑ 料理をおいしくするコツ

「作り方**7**」で菜ばしを渡すのは、蒸し器の中の温度があがりすぎるのを防ぐためです。蓋が密閉されないので蒸気の逃げ道ができ、適温（約80度）が保てます。

【結ぶ】白味噌雑煮

材料（4人分）

だし……4カップ
白味噌……200g
丸餅……4個
にんじん……12cm
大根……12cm
〈たて塩〉（P20と同量を同様に作る）

作り方

1 にんじん、大根は皮をむき、3㎜角の棒状に切る。たて塩に10分つけ、しんなりさせる。

2 大根とにんじんで相生結びにする→【結ぶ・イ〜ハ】。

3 温めただしに白味噌を溶き入れる。

4 椀に熱湯でやわらかくゆでた餅を入れ、**2**をのせ、熱々の**3**を注ぐ。

☑ **料理をおいしくするコツ**

［作り方**1**］では、大根はにんじんよりもやや太めの棒状に切ります。大根は加熱すると水分が抜けてやや縮まるためです。

【結ぶ】

U字にした大根の上ににんじんをおきます。

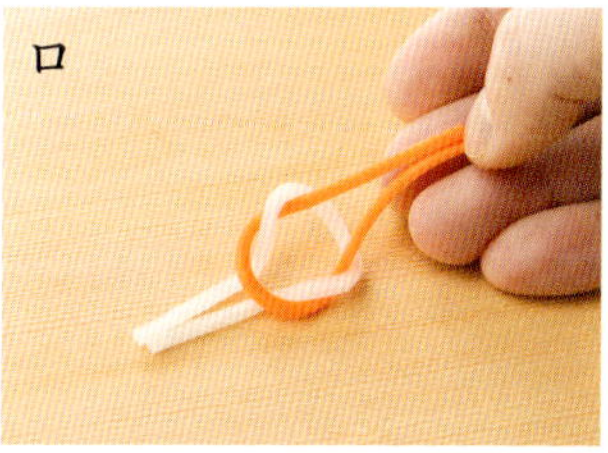

にんじんの両端を大根に通します。

にんじんと大根を引っ張ってしめます。

焼き物

包み焼き、串焼き
フライパン焼きなど
さまざまな焼き方で、
香ばしさを味わいます。

【巻く】

だし巻き玉子三種

磯の香りが漂う青海苔入り、
海老の甘さがうれしい
海老そぼろ入り、
そして、やわらかい鰻を
中に巻いた鰻《う》巻き。
基本のだし巻き玉子を展開して
三つの彩りとおいしさを楽しみます。

【巻く】

青海苔玉子焼き

材料（4人分）

- 生青海苔……大さじ1
- 卵……3個
- だし……50mℓ
- 浮き粉（または片栗粉）……小さじ1
- **A**
  - みりん……小さじ2
  - 塩……小さじ1/8
  - 酒……大さじ1/2
  - 砂糖……小さじ1
- サラダ油……適量

作り方

1 青海苔は、目の細かいざるに入れて洗い、水気をよくきる。ボウルに卵を割り入れ、よく溶きほぐす。

2 だしに浮き粉を加えて混ぜ、溶いた卵に加える。青海苔、**A**も加え、混ぜる。

3 玉子焼き鍋を温めて油を引き、**2**の1/3量を流して、ある程度固まったら、手前から向こう側に巻く→【巻く・イ】。

4 巻いた卵を手前に滑らせて、あいたところに油を引き、残りの卵液の1/2量を流して、巻いた卵を芯にし、手前から向こう側に巻く→【巻く・ロ】。

5 残りの卵液も**4**と同様にして巻く。巻きすにとり、包んで形を整え、冷めるまでおく→【巻く・ハ】。

☑ 料理をおいしくするコツ

［作り方**3**］で卵液を入れる前に、菜ばしの先に卵液を少しつけて玉子焼き鍋に当て、温度を確認します。ジュッという音が、卵液を入れる合図です。

【巻く】

卵液1/3の量を入れます。ある程度固まってきたら手前から向こう側に巻いていきます。

巻くときは、菜ばしをやや末広がりに挿し入れ、向こう側に返し、巻いていきます。玉子焼きの下に鍋を下げ、手首を返すようにするとうまく巻けます。

巻きすにとり、形を整えます。少しくらいのくずれは、巻きすで巻けば、きれいに整形されます。

【巻く】
海老そぼろ玉子焼き

材料（4人分）

卵……3個
だし……50㎖
浮き粉（または片栗粉）……小さじ1

A
みりん……小さじ2
塩……小さじ1/8
酒……大さじ1/2
砂糖……小さじ1

芝海老（殻つき）……200g

B
酒……大さじ3
砂糖……大さじ1
塩……小さじ1/2

サラダ油……適量

【巻く】

海老そぼろは、卵にくっつくように、卵が固まらないうちに散らします。

作り方

1 海老は頭と背わたを取り、包丁で細かく叩く。

2 鍋に**1**と**B**を入れ、混ぜてなじませてから火にかける。はしを2膳束ねた束ねばしで混ぜながら、そぼろ状になるまで煎る。キッチンペーパーの上に広げ、冷ます。

3 ボウルに卵を割り入れ、よく溶きほぐす。だしに浮き粉を加えて混ぜ、**A**とともに溶いた卵に加えて混ぜる。

4 玉子焼き鍋を温めて油を引き、卵液の1/3量を流して、表面が固まる前に**2**を散らし、手前から向こう側に巻く→【巻く】。

5 残りの卵液と**2**を2回に分けて入れ、**4**と同様に巻く。巻きすにとり、包んで形を整え、冷めるまでおく。

【巻く】
鰻《う》巻き

材料（4人分）

うなぎの蒲焼き……1/2串
卵……3個
だし……50㎖
浮き粉（または片栗粉）……小さじ1

A
みりん……小さじ2
塩……小さじ1/8
酒……大さじ1/2
砂糖……小さじ1

サラダ油……適量
大根おろし、しょうゆ……各適宜

【巻く】

鰻は鍋の真ん中よりやや向こう側におきます。

手前の卵で鰻を包み込むようにします。ここでは巻こうとせず、かぶせるようにしましょう。

作り方

1 うなぎをグリルで温め、長辺で2等分にする。

2 ボウルに卵を割り入れ、よく溶きほぐす。だしに浮き粉を加えて混ぜ、**A**とともに溶いた卵に加えて混ぜる。

3 玉子焼き鍋を温めて油を引き、**2**の1/3量を流して、表面が固まる前にうなぎを2枚重ねてのせ、手前の卵をかぶせて巻く→【巻く・イ／ロ】。

4 青海苔玉子焼きの作り方**4**～**5**と同様にする。食べやすい大きさに切り、好みで大根おろしを添えて、しょうゆをかける。

【巻く】

かますの幽庵《ゆあん》焼き
片褄《かたづま》折り　両褄《りょうづま》折り

片褄折りや両褄折りは、
かますによく使われる技法です。
細長いかますは、
盛るのにかたちがつきにくいのですが、
片褄折りや両褄折りにすることで、
器を選ばず形よく
盛りつけることができます。

焼き物

材料（4人分）

かます……2尾
塩……適量
〈幽庵地〉
しょうゆ……大さじ1
みりん……大さじ1/2
酒……大さじ1/2
みょうがの甘酢漬け、れんこんの甘酢漬け、梅肉……各適量

作り方

1 かますは鱗を取り、頭を切り落として腹に切り目を入れて内臓を出し、しっかり水で洗う。

2 **1**の水気を拭き取り、表身から三枚におろし、小骨を除き薄く塩をふって10分ほどおく。

3 **2**の片身の片端を巻き込み、金串を2本打って片褄折りにする。**2**の片身の両端を巻き込み、金串を2本打って両褄折りにする。それぞれ、皮目に飾り包丁を入れる→【巻く・イ～ハ】。

4 かますを、表身から強火の遠火で焼いて焼き目をつけ、混ぜ合わせた幽庵地を数回塗って焼きあげる。

5 焼きあがったかますの金串を回しながら抜き、器に盛る。みょうがの甘酢漬け、れんこんの甘酢漬けを添え、れんこんの甘酢漬けには梅肉をぽつりとおく。

☑ 料理をおいしくするコツ

［作り方**5**］で添えるみょうがの甘酢漬けは、縦半分に切って熱湯で1分ほどゆでたみょうがを、甘酢（酢50㎖、砂糖大さじ2、塩少々を混ぜたもの）と水を同じ割合で合わせた中につけて作ります。れんこんの甘酢漬けは、薄切りにしてさっとゆでたれんこんを、同様の甘酢につけます。

【巻く】

イ

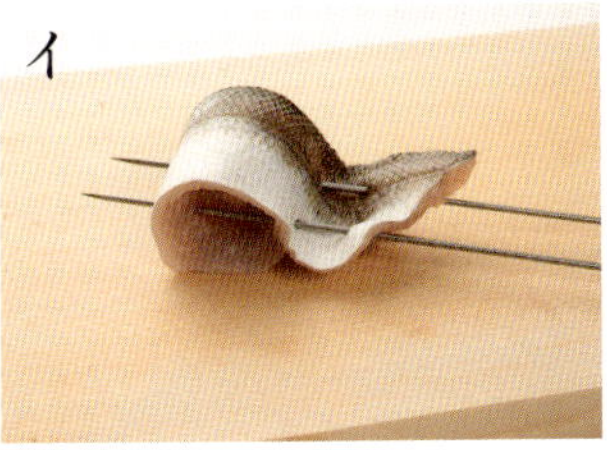

片褄折りは、かますの皮目が表になるようにして、尾がついていたほうを内側に巻き込みます。串は両褄折りと同じように打ちますが、頭側から打つようにします。

ロ

両褄折りは、かますの皮目が表になるようにして、両端を内側に巻き込みます。串を左、右の順に打ちます。

ハ

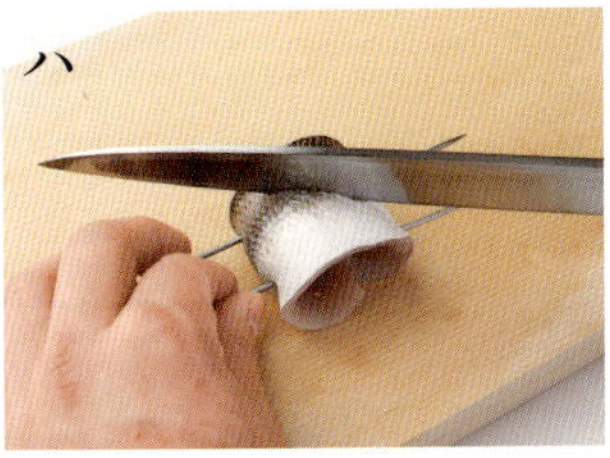

斜めに1本切り目を入れます。この飾り包丁には、見た目の美しさのほか、食べやすくしたり、火を通しやすくする役割もあります。

【巻く】

金目鯛の射込み焼き

金目鯛の赤と菊の黄色が
なんとも鮮やか。
甘長唐辛子、舞茸、長芋を
金目鯛で包んで錦繍《きんしゅう》の秋を伝えます。
茶懐石の焼物のように一緒盛りに。
とりばしで取りわけて
いただきましょう。

焼き物

材料（4人分）

金目鯛……1/2尾
舞茸……1/2パック
甘長唐辛子……2本
長いも……7cm
〈酒だし〉
酒……大さじ2
淡口しょうゆ……小さじ2
食用菊……4個
〈甘酢〉（P20と同量を同様に作る）……大さじ1

作り方

1 金目鯛は三枚におろし、小骨などを取り除く。身の縦中心に包丁を入れて背と腹に切り分け、それぞれ6cm幅に切る。

2 金目鯛を観音開きにする→【巻く・イ】。薄く塩をふって5分おき、酒大さじ1（ともに分量外）をかけて下味をつける。

3 舞茸は、薄く塩をふって酒大さじ1（ともに分量外）をかけ、魚焼きグリルまたは金串を打って直火で焼き、4等分に割く。甘長唐辛子も同様に焼き、半分に切る→【巻く・ロ】。長いもは皮をむいて1cm角の棒状に切る。

4 金目鯛の開いた部分に**3**をのせて、巻く→【巻く・ハ】。

5 **4**をアルミホイルにのせて、魚焼きグリルで色よく焼く。途中、混ぜ合わせた酒だしを刷毛で塗りながらふっくらと焼き上げる→【巻く・ニ】。

6 食用菊は花びらを摘み取り、塩小さじ1、酢大さじ1（ともに分量外）を入れた熱湯で1分ゆでる。さらしにあけて流水でもみ洗いし、軽く水気をきって、混ぜ合わせた甘酢につける。

7 器に**5**を盛り、**6**を添える。

☑ **料理をおいしくするコツ**

「作り方**5**」で塗る酒だしには、金目鯛の臭みを取り、色をよく、やわらかく焼き上げる役目があります。

【巻く】

中央に包丁を寝かせて入れて厚みを薄くそぐようにして開きます。もう片側も同様に。これを観音開きといいます。

中に巻く甘長唐辛子や舞茸は金串を打って焼きます。金串がない場合は魚焼きグリルでかまいません。

焼いた甘長唐辛子、舞茸、長いもを観音開きにした金目鯛でくるりと巻きます。

アルミホイルを敷いた魚焼きグリルで皮目から焼いていきます。

【巻く】

牛肉の八幡《やわた》巻き

八幡巻きとは
ごぼうをうなぎや穴子、
牛肉などで巻いた
料理のことをいいます。
京都府八幡市近辺が
ごぼうの産地だったことから
この名がついたようです。
ここではごぼうをささがきにして、
やわらかな食感に。

材料（4人分）

牛すき焼き用肉……4枚（250g）
ごぼう……50g

A
みりん……小さじ2
しょうゆ……小さじ1
酒……小さじ1

B
だし……30㎖
しょうゆ……小さじ2
砂糖……大さじ1
酒……大さじ1
みりん……小さじ2

ピーマン……1個
赤ピーマン……1/2個
サラダ油……小さじ3
一味唐辛子……適宜

作り方

1 ごぼうは、ささがきにし、水につけてアクを抜く。ピーマン、赤ピーマンは種を取ってせん切りにする。

2 フライパンを温めて油小さじ1を入れ、水気をきったごぼうを炒める。透明感が出たら**A**を加え、汁気がなくなるまで炒め、バットにあけて冷ます。

3 牛肉を広げ、冷ました**2**の1/4量をのせて、包むように巻く→【巻く・イ】。

4 フライパンを温めて油小さじ2を入れ、**3**の巻き終わりを下にして入れて焼く。巻き終わりに焼き色がついたら、転がして全体に焼き色をつける→【巻く・ロ】。

5 混ぜ合わせた**B**を加え、中火で調味料をからませながら焼く→【巻く・ハ】。

6 2㎝長さに切って器に盛り、油（分量外）を引いたフライパンでピーマンを炒め添える。好みで一味唐辛子をふる。

焼き物

【巻く】

ごぼうは牛肉の中央におき、右端からくるくると巻いていきます。

巻き終わりが開かないよう底を下にしてフライパンで焼き色をつけます。

調味料は、汁気がほとんどなくなるまでからませます。

☑ **料理をおいしくするコツ**

［作り方**4**］で肉全体に焼き色をつけたら、キッチンペーパーなどで丁寧に油を拭き取っておくと後から入れる調味料が油っぽくならず、さっぱりと仕上がります。

【包む】

朴《ほお》葉《ば》焼き

実りの秋と
味噌を朴葉で包んで焼く朴葉焼きは、
岐阜県飛騨高山地方の
郷土料理として有名です。
焼けた味噌がさらに香ばしく、
野趣があって、
酒やご飯のおともに格好です。

材料（4人分）

とりもも肉……1枚
舞茸……1パック
なめこ……1/2袋
長ねぎ……1/2本
〈酒塩〉（P33と同量を同様に作る）
〈練り味噌〉
信州味噌……40g
砂糖……小さじ1
みりん……大さじ1
朴葉（ない場合はアルミホイルで代用）……4枚

作り方

1 朴葉は焦げないように、水に1時間ほどつけておく。

2 ボウルに練り味噌の調味料を合わせて、よく練り合わせる。

3 とり肉は薄いそぎ切りにして、酒塩をする。舞茸は、小房に分けて酒大さじ1（分量外）をふる。

4 朴葉に練り味噌を塗り、その上にとり肉、舞茸、なめこ、小口切りにした長ねぎをのせて包む→【包む・イ〜ハ】。

5 **4**を網にのせて火にかけ、とり肉に火が通るまで焼く（卓上コンロなどで、熱々の焼きたてを食べるのがおいしい）。

【包む】

イ

朴葉の茎を右にしておき、中央に練り味噌をのせて伸ばします。

ロ

とり肉を並べ、その上に舞茸、なめこ、長ねぎの小口切りを順にのせていきます。きのこは好みのものでもかまいません。

ハ

左、右の順にかぶせ、楊枝を縫うように刺して留めます。

ご飯

米は日本の主食。
おいしく炊きあげるところから始まります。
具を炊き込んだり、寿司にしたりと、
バリエーションも豊富です。

【結ぶ】
おむすび

しっかりと、しかしふんわりとにぎられていて、
口に入れるとほろっと崩れる、
これが理想的なおむすび。
米粒ひとつひとつがたっていて、
にぎり手の愛情まで伝わって……。
いくつでも食べられてしまうから
おむすびって不思議です。

【結ぶ】
おむすび

材料（作りやすい分量）
米……3カップ
水……720㎖
塩……適量
好みの具……適量

作り方

1 米を研いで鍋に入れ、分量の水を加えて30分浸漬させる（炊飯器で炊く場合も、米、水量ともに同じ）。蓋をして強火にかけ、沸騰したら中火にする。米の表面に水気がなくなったら弱火にし、1、2分後鍋中からパチパチという音が聞こえたら火を止めて10分蒸らす。炊きあがったらしゃもじで天地を返し、全体を切るように混ぜる。

2 手を水で濡らして塩をつける。

3 三角形のおむすびを作る。炊きたてのご飯を手のひらにのせ、好みの具をのせ、まわりのご飯をよせるようにして具を包み、三角形ににぎる→【結ぶ・三角形・イ〜ハ】。

4 俵形と銅鑼《どら》形のおむすびを作る。それぞれ**2**と同様にしたら、炊きたてのご飯を手のひらにのせて軽くまとめ、俵形と銅鑼形ににぎる→【結ぶ・俵形／銅鑼形】。

☑ **料理をおいしくするコツ**
「作り方**2**」では、塩水をつけるのではなく、手を水で濡らして塩をつけます。生《き》の塩で結んだおむすびの味は格別です。

【結ぶ・三角形】

手のひら全体に塩を広げます。

中央をへこませて具をのせます。

上にかぶせる手を三角にして角を作ってにぎり、人差し指と中指の2本を側面にあてて厚みを決めます。

【結ぶ・俵形】

手のひらで転がして筒状にします。

【結ぶ・銅鑼形】

上の手を丸くして、角を作らずににぎります。最後に中央を押して少しへこませると形がよくなります。

↓三角形で

ごま・ゆかりむすび

材料と作り方

おむすびを、ごま塩、ゆかりを入れたそれぞれの小皿の上でころがす。

↓俵形で

葉むすび

材料と作り方

おむすびにおぼろ昆布、高菜漬けをそれぞれくるむようにして巻きつける。

↓銅鑼形で

焼きおにぎり

材料と作り方

1 白いおむすびを網の上にのせて気長に焼く。

2 こんがりときれいな焼き目がついたら、しょうゆを入れた小皿の中でおにぎりを転がす。

おむすびの具いろいろ

▼牛肉のしぐれ煮

材料（作りやすい分量）

牛肉薄切り肉……150g
ごぼう……1/2本
しらたき……1/2玉
〈煮汁〉
だし……2カップ
砂糖……大さじ2
しょうゆ……大さじ2と1/2
酒……大さじ2
みりん……大さじ1

一味唐辛子……適量

作り方

1 しらたきはさっと熱湯にくぐらせて4cm長さに切る。ごぼうは皮をこそげてささがきにし、水にさらす。牛肉は4cm長さに切る。

2 鍋に油大さじ1（分量外）を入れてごぼうを炒め、透明感が出たところでしらたきを加える。両方に火が通ったら、煮汁のだしを加える。

3 少し煮立ったら、煮汁の調味料を加え、肉を1枚ずつ広げながら加える。汁気がほとんどなくなるまで煮る。冷めたら一味唐辛子をふる。

▼鰹のふりかけ

材料と作り方

1 だしをひいたあとの鰹節（40g）を包丁で細かく刻み、鍋に入れて水気がなくなるまでから煎りする。

2 しょうゆ（小さじ2）、酒（大さじ2）、みりん（小さじ2）を加え、汁気がなくなるまで煎り混ぜる。

3 火を止めてからちぎった梅干し（1個分）、煎った白ごま（小さじ2）、青海苔（小さじ1）を加えて混ぜ合わせる。

▼昆布の佃煮

材料と作り方

1 だしをひいたあとの昆布（80g）をせん切りにする。

2 鍋に水（1カップ）、酒（大さじ2）、酢（小さじ1）を入れて昆布を加え、やわらかくなるまで20分ほど煮る。

3 昆布がやわらかくなったら、みりん（大さじ2）、しょうゆ（大さじ2）を加えて汁気がなくなるまで煮る。最後に煎った白ごま（小さじ1）を加える。

▼とりそぼろ

材料と作り方

1 とりひき肉（120g）を鍋に入れ、酒（大さじ2）を加えて、まず火にかけずに混ぜる。

2 火にかけて澄んだ酒が出てきたところで砂糖（大さじ2）、しょうゆ（大さじ2弱）を加える。

3 中火にかけ、はしを2膳束ねた束ねばしで混ぜながら、ポロポロになるまで煎る。

▼じゃこの有馬煮

材料と作り方

1 ざるに、ちりめんじゃこ（50g）を入れ、熱湯をかけて汚れやアクを除く。

2 鍋に**1**と酒（大さじ1）、水（大さじ4）を入れ、軽く混ぜながら汁気がなくなるまで煎る。

3 **2**にしょうゆ（大さじ2）を加え、色が均一になるまで煮る。みりん（小さじ1）と山椒の佃煮（大さじ2）を加える。

4 弱火でしっとりと煎り、ざるに広げて冷ます。

ご飯

▼そのほかの具

□ 梅干し

ここではかわいらしい小粒のものを使いました。

□ 焼きたらこ

たらこをグリルなどで色よく焼き、輪切りにします。

□ 鮭のほぐし身

塩鮭の切り身をグリルで焼き、皮、骨を取って手で細かくほぐします。

【包む】

いなり寿司二種

煮汁がじゅわっとしみ出すいなり寿司は、老若男女みんな大好き。少し小ぶりに作って食べやすくしています。いつものいなり寿司に加え、裏返した油揚げでも寿司飯を包んで取り合わせました。さらに口を閉じずに色とりどりの具をのせると、華やかで、かわいらしい装いになります。

【包む】いなり寿司

材料（20個分）

〈寿司飯〉
- 米……1と1/2カップ
- 水……345㎖

〈打ち酢〉
- 米酢……30㎖
- 砂糖……大さじ1/2
- 塩……小さじ1/2

皮むきごま（白）……小さじ2
黄柚子の皮……適宜
油揚げ……10枚

A
- だし……1と1/2カップ
- 三温糖……大さじ1と1/2
- 砂糖……大さじ7と1/2
- しょうゆ……大さじ4と1/2

B
- 三温糖……大さじ3
- みりん……大さじ1と1/2

作り方

1 寿司飯を作る。米を分量の水で炊いて飯台にあけ、調味料を溶かした打ち酢をまわしかけ、よく混ぜる。酢が全体になじんだら、きつね色に煎ったごま、好みでみじん切りにした黄柚子の皮を混ぜる。うちわであおいで冷ましツヤを出す。

2 油揚げは、半分に切って袋状に開き、半分は裏返す。多めの熱湯で5分ゆでてしっかりと油抜きをする。

3 鍋に**A**のだしを入れ、水気を軽くきった**2**を入れて火にかける。沸いたら**A**の三温糖と砂糖を加えて3分煮る。しょうゆを加え、落とし蓋をして5分ほど中火で煮る（あまり強い火で煮ると、油揚げがごわごわになるので注意）。

4 **3**に**B**を加え、強火にして三温糖がなじんだら火を止める。

5 汁気を軽くきった**4**に、おにぎり（1個20g）にした寿司飯を入れて、形作る→【包む・イ〜ニ】。

☑ **料理をおいしくするコツ**

「作り方**2**」では、寿司飯が隅まで入るように、角までしっかりと開きます。

いなり寿司は、楊枝で口を留めても素敵です。これは、具を上にのせた包みいなり（P99）を持ち歩きたいときにおすすめです。

【包む】

イ

詰めやすいように、寿司飯を軽くにぎってから油揚げに入れます。ご飯の量は少なめのほうがきれいに包めます。

ロ

親指で押して、油揚げの角まで寿司飯を詰めます。こうするといなり寿司が形よく仕上がります。

ハ
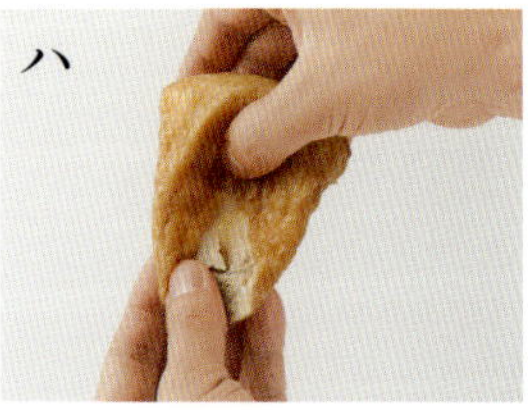

油揚げの片側をご飯にかぶせて折りたたみます。

ニ

もう片側は上下を少し斜めに折り込んでから、かぶせます。

【包む】

包みいなり

材料（10個分）

〈寿司飯〉（P100と同量を同様に作る）

油揚げ……5枚

A
- だし……1/2カップ
- 三温糖……大さじ1/2
- 砂糖……大さじ2と1/2
- しょうゆ……大さじ1と1/2

B
- 三温糖……大さじ1
- みりん……大さじ1/2

▼たけのこの煮物

ゆでたけのこ……150g

だし……1カップ

酒……大さじ1

A
- 砂糖……大さじ1
- 淡口しょうゆ……大さじ1と1/2

木の芽、わかめ……各適量

▼煎り桜海老

干し桜海老……20g

酒……大さじ1

B
- だし……大さじ2
- 砂糖……大さじ1
- 淡口しょうゆ……小さじ1
- みりん……小さじ1

塩……少量

いりごま（白）……小さじ1

甘酢生姜（せん切り）……適量

▼グリーンピースと錦糸玉子

グリーンピース……50g

塩……適量

〈錦糸玉子〉
- 卵……1個
- 砂糖……小さじ1

作り方

1 油揚げは半分に切って袋状に開いて裏返し、多めの熱湯で5分ゆでて油抜きをする。P100の作り方**3**、**4**と同様にして煮る。

2 たけのこの煮物を作る。たけのこの穂先は3cm長さの小口切り、下部は1mm厚さのいちょう切りにし、熱湯で1分ゆで、**A**でもどしたわかめとともに下味をつけて冷まし、木の芽を添える。

3 煎り桜海老を作る。小鍋に桜海老、酒を入れ、沸いたら**B**を加えて汁気がなくなるまで煎り煮にし、ごまを加える。

4 グリーンピースは、塩を多めに入れた熱湯でゆでて、ぬるま湯にとる。錦糸玉子はP127の薄焼き玉子の作り方と同様に作り、細切りにする。

5 **1**の油揚げの縁を少し折り返し、寿司飯を40gほど詰める→【包む・イ／ロ】。それぞれの具を彩りよくのせる。

【包む】

イ

煮あがった油揚げの口の部分を折り返して仕上がりをきれいにするとともに、寿司飯を詰めやすくします。

ロ

寿司飯を詰めたら、上に具をのせやすいように、指で押さえて表面を平らにします。

☑ **料理をおいしくするコツ**

【作り方**1**】で、油揚げを角まできっちりと裏返します。煮てから裏返すと破けやすいので、煮る前に裏返しておきます。

【包む】

手鞠《てまり》寿司

さまざまな具材と仕事で
色彩豊かににぎわいます。
どれから手に取ろうか、
思わず迷ってしまうほど。
小さくてまんまるとした形は、
ひと口で食べやすい大きさです。

材料（4人分）

〈寿司飯〉
- 米……2カップ
- 水……460mℓ

〈打ち酢〉
- 米酢……40mℓ
- 砂糖……大さじ1と1/2
- 塩……小さじ3/4

好みの魚（真鯛、まぐろ赤身、ひらめ、こはだの酢漬け、あじ、やりいかなど）……適量

おろしたわさび、木の芽、針生姜、梅肉……各適量

作り方

1 寿司飯はP105の作り方**1**と同様に作る。

2 魚はそれぞれ5cm長さの薄いそぎ切りにする。

3 15cm四方に切ったラップに**2**をおき、わさび、木の芽をのせ、軽くにぎった寿司飯10gをのせる。ラップごと丸く包み、軽く絞って形作る→【包む・イ～ハ】。

4 器に盛り、針生姜や梅肉を添える。

【包む】

ラップの上に薄いそぎ切りにした魚を一切れ、その中央に木の芽をおきます。

軽くにぎった寿司飯を魚の中央部分にのせます。

ラップを根本でねじり丸くなるよう形作ります。

☑ 料理をおいしくするコツ

［作り方**3**］で、そぎ切りにした魚の中央（寿司飯をのせた部分）が表面になるので、木の芽をはさむなどしてきれいに見えるよう気を配りましょう。

【包む・巻く・結ぶ】

ちまき寿司

男の子の成長を祝う日でもある
五月五日の端午の節句には、
鉾《ほこ》の形になぞらえたちまきを食べる
ならわしがあります。
お餅を包んだ
菓子のちまきもありますが、
ここでは、寿司に仕立てました。
開けると、笹のよい香りが漂います。

ご飯

材料（16本分）

〈寿司飯〉
— 米……1と1/2カップ
— 水……345ml

〈打ち酢〉
— 米酢……30ml
— 砂糖……大さじ1
— 塩……小さじ1/2

車海老……8尾
〈酒塩〉（P33と同量を同様に作る）
〈甘酢〉（P20と同量を同様に作る）
水……大さじ1
鯛（薄いそぎ切りにしたもの）……8枚
木の芽……8枚
おろしたわさび……適量
笹の葉……ちまき寿司1本につき3枚
い草……ちまき寿司1本につき1本

作り方

1 寿司飯を作る。米を分量の水で炊いて飯台にあけ、調味料を溶かした打ち酢をまわしかけ、よく混ぜる。うちわであおいで冷ましツヤを出す。

2 海老は頭と背わたを取り、竹串を身がまっすぐになるように刺し、鍋に酒塩の材料を合わせ、煎る。冷水にとり、冷めたら串を抜いて殻をむき、腹側から包丁で観音開きにする。混ぜ合わせた甘酢を分量の水で薄め、それに10分つけ、水気を拭く。

3 鯛は薄く塩をふって10分ほどおき、酢（ともに分量外）でさっと洗って水気を拭く。

4 笹の葉は水につけて水気を拭く。い草は一度熱湯でゆでてから、まち針などで細く裂く。

5 笹の葉1枚を手のひらに広げて持ち、細長くにぎった寿司飯をのせ、木の芽やわさび、鯛や海老をおき、笹の葉2枚を足しながら包み、い草でしばる↓【包む・巻く・結ぶ・イ〜ト】。ちまき3本をひと組みにし、巻き終わりのい草をまとめて束ねて結び、い草の余分を切る。

【包む・巻く・結ぶ】

イ

笹1枚を手に取り、茎に近い部分に細長くにぎった寿司飯をのせ、手前をすぼませるようにしてしずく形に整え、具をのせます。

ロ

寿司飯を1枚目の笹で包み、2枚目の笹を覆いかぶせ、茎の部分で合わせて包みます。

ハ

3枚目の笹で全体を包むようにします。

ニ

葉の根元を支えながら1枚目の笹の茎を下に引っ張ります。これで下部が包めました。

ホ
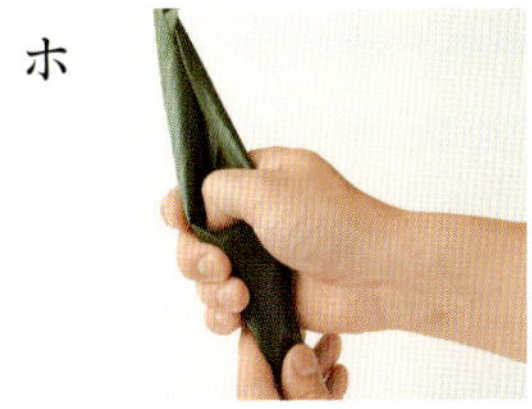
上部は、寿司飯の上面に笹の上から親指をあて、三角の部分を作ります。

ヘ

三角の部分をかぶせ、その部分と笹の間にい草を通し、3回ほど巻きます。

ト

全体を等間隔に茎のほうまで巻いたら、茎の根元を数回巻き、結び留めます。あとで3本を1組にして束ねるので、余分ない草はここでは切らず残します。

【包む・結ぶ】
茶巾寿司

ひとつは、薄焼き玉子を寄せて包み、
きゅっと縛って上部を開きます。
咲き始めた花のような包み方です。
もうひとつは、
袱紗をたたむように包みます。
食べると、隠れていた
海老や栗の甘露煮がおまけのようで、
うれしさを誘う包み方。
どちらも、卵の黄色が
お祝いの席をより明るくしてくれます。

【巻く】
巻き寿司三種

三種の巻き寿司には、
それぞれに巻き方のコツがありますが、
まずは細巻きで練習をして慣れましょう。
具をたくさん巻き込んだ太巻きに、
一風変わった裏巻きと、
シンプルな細巻きを盛り合わて、
ハレの日のおもてなしに。
手でつまめる気軽さも
少しうれしくなります。

【包む・結ぶ】

茶巾寿司

材料（茶巾包み4個分、袱紗包み4個分）

〈寿司飯〉
- 米……2カップ
- 水……460mℓ

〈打ち酢〉
- 米酢……40mℓ
- 砂糖……大さじ1
- 塩……小さじ1/3

茶巾寿司用玉子（市販品）……8枚
車海老……4尾
〈酒塩〉（P33と同量を同様に作る）
かんぴょう……20cm
干ししいたけ……4個

A
- だし……1/2カップ
- 砂糖……大さじ3
- しょうゆ……大さじ2
- みりん……大さじ1

穴子（下ろしたもの）……1尾

〈タレ〉
- しょうゆ、みりん……各大さじ2
- 砂糖……小さじ2

甘露栗……4個
海苔……全形1枚
皮むきごま（白）……大さじ1
三つ葉……8本
木の芽……4枚

作り方

1 かんぴょうは洗ってから塩小さじ1（分量外）でもんでそのまま10分おき、熱湯で8分ゆでる。干ししいたけは水で戻し、軸を切り落とす。鍋に材料**A**を合わせてひと煮立ちした中に、水気をきったかんぴょう、しいたけを入れ、落とし蓋をして煮汁がなくなるまで弱めの中火で煮る。

2 穴子はグリルで焼き目がつくまで焼き、ひと煮立ちさせて冷ましたタレを塗って焼きあげる。**1**と穴子は、みじん切りにする。

3 海老は頭と背わたを取り、鍋に酒塩の材料を合わせ、煎る。海老に火が通ったら冷水にとり、芯まで冷ましてから殻をむく。

4 寿司飯はP105の作り方**1**と同様に作り、**1**、**2**、小さくちぎった海苔、ごまを加え、混ぜ合わせる。

5 茶巾に包む。茶巾寿司用玉子の中央に丸くにぎった**4**を60gおき、玉子の対角線を合わせた状態に包み、さっと湯通しした三つ葉で結ぶ→【茶巾に包む・結ぶ・イ～ニ】。玉子の上部を開き、中が少し見えるようにしてから、厚さを半分に切った海老と甘露栗、木の芽をのせる。

6 袱紗に包む。玉子の中心より少し手前に軽くにぎった**4**の寿司飯50gをおき、半分に切った海老と甘露栗をのせて包み、さっと湯通しした三つ葉で結ぶ→【袱紗に包む・結ぶ・ホ～チ】。

【茶巾に包む・結ぶ】

薄焼き玉子の角を手前にしておき、中央に丸くにぎった寿司飯をのせます。

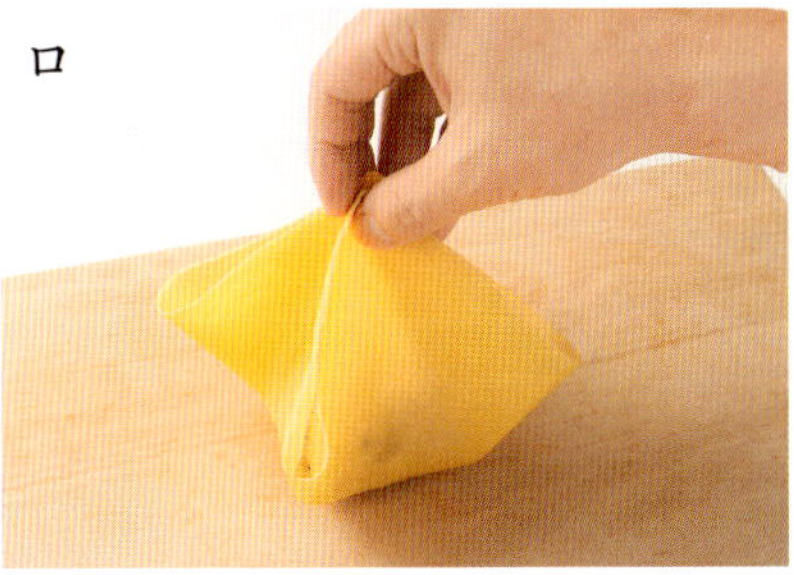

薄焼き玉子の対角同士をそれぞれ合わせ、四つの角を中央上部に集めます。

薄焼き玉子が重なったところを開いて写真のような形にします。残りの３か所も同様に。

寿司飯より少し上のところを三つ葉で結びます。このあと上部の玉子を開いて広げるので、ゆるめに。

【袱紗に包む・結ぶ】

薄焼き玉子の角を手前にしておき、中心より少し手前に寿司飯をおき、その上に具をのせます。

手前をかぶせます。

左、右の順にかぶせ、手前から向こう側に包みます。

中央を三つ葉で結びます。

【巻く】

巻き寿司三種（太巻き、裏巻き、細巻き）

材料

▼**寿司飯**（太巻き2本、裏巻き2本、細巻き2本分。P105の作り方**1**と同様に作る）

米……3カップ
水……690㎖
〈打ち酢〉
米酢……60㎖
砂糖……大さじ1と1/3
塩……小さじ1と1/3

▼**太巻きの具**（2本分）

穴子（下ろしたもの）……1尾

A
だし……2カップ
酒……大さじ1
砂糖……大さじ3
しょうゆ……大さじ1と1/2

卵……2個

B
だし……大さじ2
砂糖……大さじ2と1/2
しょうゆ……小さじ1弱
塩……少量

かんぴょう……10g
干ししいたけ……4枚

C
だし……1/2カップ
砂糖……大さじ5と1/2
しょうゆ……大さじ4
みりん……大さじ2

〈海老そぼろ〉
芝海老……300g

D
酒……大さじ3
砂糖……大さじ3
塩……小さじ1/6

きゅうり（縦半分に切ったもの）……1/2本
海苔……全形2枚

▼**裏巻きの具**（2本分）

車海老……6尾
〈酒塩〉（P33と同量を同様に作る）
きゅうり（八つ割りにしたもの）……2本
玉子焼き（太巻きで使ったもの）……2本
いりごま（白）……適量
海苔……全形1枚

▼**細巻きの具**（2本分）

かんぴょう……2本

E
だし……1/2カップ
砂糖……大さじ3
しょうゆ……大さじ2
みりん……大さじ1

海苔……全形1枚

▼**がり**（好みで盛り合わせた太巻き、裏巻き、細巻きに添える）……適宜

作り方

▼**太巻き**

1 穴子は**A**のだしに酒を加えた中で落とし蓋をして5分ほど煮る。砂糖を加えて3分ほど煮てしょうゆを加え、しょうゆの色が染まるまで4分ほど煮る。穴子を取り出し、グリルで焼き目をつけ、1.5㎝幅に細長く切る。

2 卵を溶きほぐして、合わせた**B**の調味料を混ぜる。玉子焼き鍋を温めてからサラダ油（分量外）を引き、卵を流し込んで厚焼き玉子（P82参照）を作り、1㎝角の棒状に切る。

3 かんぴょうはP108の作り方**1**と同様に下処理する。**C**の煮汁で、かんぴょうと、水で戻して軸を切り落とし5㎜幅に切った干ししいたけを10分ほど煮て冷ます。

4 芝海老は殻と背わたを取り、包丁で細かく叩き、すり鉢でよくする。鍋に海老と**D**の酒を入れて火にかけ、束ねたはし数本でそぼろ状になるまで煎り、水気が出たら砂糖、塩を加えて汁気がなくなるまで煎る。

5 きゅうりは塩ずりして水洗いし、縦に8等分に切り、塩少量（分量外）をまぶす。

6 巻きすを広げ、海苔のざらざらした面を上にして縦長におく。端は、巻きすの手前の端にそろえる。寿司飯280gを、海苔の向こう側を1.5㎝ほど残して全体に広げる。

7 寿司飯の中央より少し手前に、穴子、玉子焼き、きゅうり、しいたけ、かんぴょう、海老そぼろを並べる→【表巻き・イ】。

8 手前の巻きすを持ち上げ、具を指で押さえながら、手前の端と向こう側の端に合わせるように巻き、巻きすの上から軽く押さえて形を整えたあと→【表巻き・ロ～ニ】、1.5cm幅に切る。

▼裏巻き

1 海老はP105の作り方**2**と同様にしてのし串を打ち、酒塩の材料で煎り、串を抜いて殻をむく。巻きす全体をラップで包み、海苔を半分に切っておき、寿司飯130gを全体に広げる→【裏巻き・イ／ロ】。いりごまを全体にふってからひっくり返し、海苔の面を上にする。

2 **1**、玉子焼き、きゅうりをのせ、具を押さえながら巻きすで巻く→【裏巻き・ハ／ニ】。ラップで包んで少し落ち着かせてから、6等分に切る。

▼細巻き

1 かんぴょうは、P108の作り方**1**と同様にして下処理をし、**E**の煮汁がなくなるまで煮る。

2 巻きすの上に、長い辺を半分に切った海苔→【裏巻き・イ】をおき、寿司飯70gを、海苔の向こう側を1cmほど残して全体に広げる。かんぴょうを中央よりやや手前にのせ、上記作り方**8**と同様にして巻き、6等分に切る。

> ☑ **料理をおいしくするコツ**
>
> [作り方**6**]で寿司飯を広げるときの最大のポイントは、海苔の端までしっかり広げ、厚さを均等にすることです。
>
> [作り方**6**]で使う巻きすには、表裏、上下があります。表は平らなほう、房があるほうが上です。房があるほうを手前にして巻くと、海苔に房がからんでしまうことがあるので注意。

【表巻き】

具は寿司飯の中央より少し手前におきます。

巻きすの手前の飯を向こう側と合わせるようにします。

ぎゅっと巻いてしめると切ったときに断面がきれいです。

巻きすの上から軽く押さえて成形します。

【裏巻き】

海苔は半分に切って使います。

巻きす全体をラップで包み、海苔をおき、その上に酢飯を広げます。

海苔の面を上にして具をのせます。

巻きすで巻いていきます。

【包む】

鯖棒寿司

鮮度抜群の鯖が手に入ったら
ぜひ作りたいしめ鯖。
しまり具合を自分好みにできるのが、
市販品にはない醍醐味です。
酢でしめたあとは、
一晩くらいおくと、味がなじみ
よりおいしくいただけます。
せっかくですから、
竹の皮で包んでみては。
日持ちもよく仕上がります。

ご飯

材料（2本分）

真鯖……1尾（600g）

〈三杯酢〉

酢……50㎖

砂糖……大さじ2

しょうゆ……小さじ2

塩……小さじ1/5

白板昆布……2枚

〈寿司飯〉

米……2カップ

水……460㎖

酒……大さじ1と1/2

〈打ち酢〉

米酢……40㎖

砂糖……大さじ2と1/2

塩……小さじ1

がり……適量

谷中生姜……適宜

作り方

1 しめ鯖を作る。鯖を三枚におろし、強めに塩（分量外）をふり、4〜5時間おく。鍋に三杯酢の調味料を合わせて火にかけ、砂糖が溶けたら冷ます。小鍋に三杯酢大さじ1、水大さじ2（分量外）を入れて白板昆布を2分ほど弱火で煮てやわらかくする。

2 鯖を水洗いして塩を流し、三杯酢に1時間つける。水気を拭き、上肋骨（身の中心の骨）の部分をV字に切り取る。

3 寿司飯はP105の作り方**1**と同様に作り、1個90gの固くにぎった丸いおにぎりを4個作っておく。

4 濡らしてきつく絞ったさらしを広げ、皮をむいた鯖をのせてV字に切り取ったところにせん切りにしたがりを詰め、**3**を2個のせる→【包む・イ】。

5 寿司飯を棒状に広げる。さらしの向こう端を持ち、鯖寿司を手前に転がして返し、鯖の面を上にする。さらしでさらにきつく巻く→【包む・ロ／ハ】。さらしを取り、水気を拭いた**1**の白板昆布をのせる。

6 竹の皮は水に20分ほどつけ、熱湯で3分ゆでて、水気を拭く。

7 竹の皮の中央に**5**をのせ、皮の端から裂いて竹の皮のひもを2本とったあと→【包む・ニ】、包んで、竹の皮のひもで結ぶ→【包む・ホ〜ト】。

8 30分ほどおいてなじませてから好みの厚さに切り、器に盛って、好みで谷中生姜を添える。

【包む】

イ

鯖はさらしの向こう側に寄せておき、がりを詰め、固くにぎった寿司飯を2個のせます。こうすると広げるときに形が作りやすいのです。

ロ

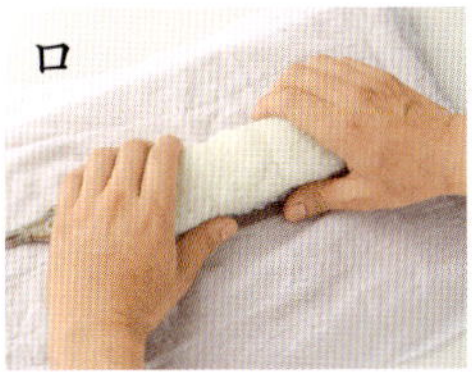

寿司飯を広げるとき、左右をやや厚めにしておくと、形よく仕上がります。

ハ

下になったさらしを手前に引いてしっかりとしめます。

ニ

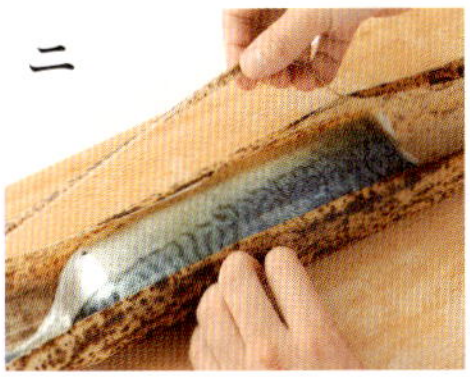

竹の皮に鯖寿司をのせたときに、手前と向こう側が覆われるくらい残るように幅を調整し、端を裂いてひもを2本取ります。

ホ

左右を折りたたんでから、向こう側と手前を折り上げます。

ヘ

裂いておいた竹皮のひもを寿司の下に通し、ひもの両端をきつくねじって折り曲げ、ひもの下に差し込みます。

ト

寿司の両側を2本の竹皮のひもで結び、完成です。

【結ぶ】

七夕《たなばた》素麺《そうめん》

素麺を天の川や
機織りの糸に見立てて
流れるように盛りつけ、
目にも美しい
色とりどりの具を添えます。
盛りつけにも具にも
ひと手間加えることで、
いつもの素麺が
ごちそうメニューに。

材料（4人分）

そうめん……4把

〈そうめんつゆ〉
だし……2カップ
砂糖……大さじ3
淡口しょうゆ……大さじ5
しょうゆ……大さじ1と1/2
みりん……大さじ2

〈錦糸玉子〉
卵……1個
砂糖……小さじ1

きゅうり……1本
とりささみ……2本
しいたけ……4枚
ずわいがにの脚……4本
塩……適量

〈薬味〉
大葉……2枚
長ねぎ……1/3本
生姜……40g

作り方

1 具を作る。錦糸玉子はP127の薄焼き玉子の作り方と同様に作り、細切りにする。きゅうりは塩ずりしてから水洗いし、3cmの短冊切りにする。とりささみとしいたけは、少量の塩をふって魚焼き網やグリルで焼き、とりささみは温かいうちに粗く裂き、しいたけは端から厚めに切る。ずわいがにの脚は2等分に切る。

2 そうめんは、一方の端をタコ糸で縛り、ゆでる→【結ぶ・イ】。

3 そうめんつゆを作る。鍋に分量のだしを入れ、沸いたところに調味料を加え、もう一度沸かしてから冷ます。

4 薬味を作る。大葉はせん切りにして水にさらす。長ねぎは2cm長さに切り、縦に切り目を入れて芯を抜き、繊維に沿ってせん切りにする。生姜はすりおろす。

5 そうめんの結び目を切り、器に川の流れのように盛りつける→【結ぶ・ロ／ハ】。別の器に**1**と**4**を盛り、そうめんつゆとともに添える。

☑ **料理をおいしくするコツ**

【作り方**2**】そうめんをゆでるとき、沸騰した湯に入れ、10秒ほどしたら結び目の近くに菜ばしを入れほぐすとゆでむらがありません。

【結ぶ】

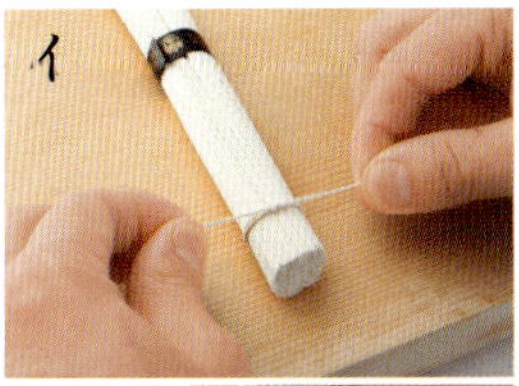

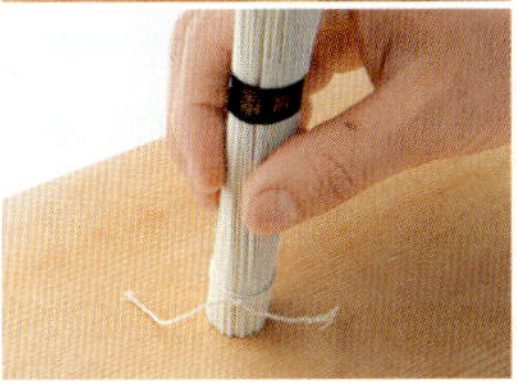

そうめんの帯をつけたまま端から5mm程のところでタコ糸をきつく結びます。余分なタコ糸はからまってしまうので切っておきます。

ゆであがったら流れを整えそうめんの端を切り落とします。

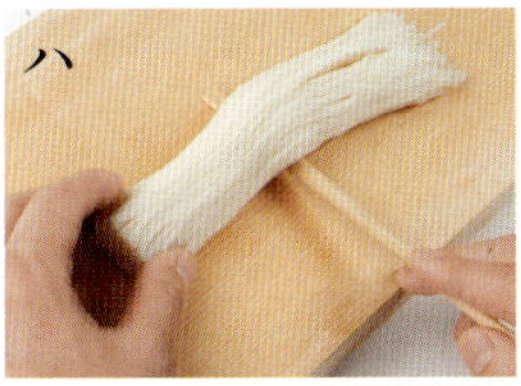

そうめんの束の中央を菜ばしで持ち上げ、ひねって動きをつけながら器に盛ると、流れるように盛りつけられます。

【巻く・結ぶ】

味噌汁二種

定番の豆腐の味噌汁を
おいしく作りましょう。
吸い口を工夫し、
いつもとは違う一椀に。
おなじみの具の油揚げも
巻く技術を加えることで、
しゃれた味噌汁に調います。
ここでは味噌を
赤だしと信州みその二種に。

【結ぶ】

豆腐の赤だし

材料（4人分）

だし……4と1/2カップ
仙台味噌……50g
八丁味噌……25g
木綿豆腐……1/2丁
三つ葉……12本
水辛子（P31参照）……適宜

作り方

1 だしに二種類の味噌を溶き、10分ほど弱火で煮る。

2 豆腐は奴（3〜4㎝角に切る）に切り、**1**に加えて温める。

3 三つ葉は、軸を熱湯につけ、やわらかくなったら水にとって冷ます。軸を結んで、余分は切る→【結ぶ・イ／ロ】。

4 椀に豆腐を入れて、結び三つ葉を添え、味噌汁を注ぎ、好みで豆腐の上に水辛子をぽつりと落とす。

【結ぶ】

葉の部分を持ち、熱湯に軸の部分をさっとくぐらせます。

輪を作り、軸の端を通して結びます。これが結び三つ葉です。

【巻く・結ぶ】

信田巻き味噌汁

材料（4人分）

だし……4と1/2カップ
信州味噌……70g
油揚げ……2枚
かんぴょう……2本
白髪ねぎ……長ねぎ2㎝分
一味唐辛子……適宜

白髪ねぎの作り方

長ねぎは縦に浅く切り込みを入れて芯を取り除く。広げて端からせん切りにし、水に放ち、水気をきる。

作り方

1 かんぴょうはP58の作り方**1**と同様に下処理する。

2 油揚げを熱湯で油抜きし、長辺の1辺を残して、3辺の端を切り落とす。油揚げを開き、裏面が表になるように巻き、4か所をかんぴょうで結び、4つに切り分ける→【巻く・結ぶイ／ロ】。

3 だしに味噌を溶き、**2**を加えて5分煮る。

4 椀に**3**を盛り、白髪ねぎを天盛りにして、好みで一味唐辛子をふる。

【巻く・結ぶ】

裏面を下にしておき、手前から巻いていきます。煮るとゆるむので、なるべくきつく。

4か所を固結びにします。かんぴょうのかわりに、だしをひいたあとの昆布などでもよいでしょう。

甘味

お食事のあとの甘味には、
見た目も味も
心をおどらせる魅力があります。

【包む】おはぎ四種

小豆が
萩の花に似ていることからのおはぎ。
別名ぼたもちともいい、
春や秋のお彼岸に食べます。
お茶菓子として、
また手みやげとしても
喜ばれるひと品です。
少し小ぶりに作り、
大きさをそろえると、
上品な仕上がりになります。

【包む】

わらびもち

もちっとした独特の食感と
さらりとした口ざわりのよさは、
なにものにも代えがたいものです。
そのよさを存分に生かしつつ、
中にはあんを包んで、
食べたときのうれしい驚きを加えました。
温かいできたてを
ぜひ味わってみてください。

【包む】おはぎ四種

材料（こしあん10個、白あん10個、きなこ5個、ごま5個分）

もち米……2カップ
水……720㎖
〈こしあん〉
生あん（下記参照）……500g
ざらめ……180g
砂糖……180g
塩……小さじ1/2
水……2/3カップ
白あん（市販品）……適量

A
きなこ……大さじ1と1/2
砂糖……大さじ1
塩……小さじ1/2

B
皮むきごま（黒）……大さじ1と1/2
砂糖……大さじ1
塩……小さじ1/4

作り方

1 もち米は半日前に研いで水気をきり、水に一晩つけて炊飯器で炊く。

2 こしあんを作る。鍋に水とざらめを入れて中火で煮溶かし、一度火からおろす。生あんと砂糖を加え、なじませる。

3 再度強火にかけて練り、ツヤを出す。あんにツヤが出てきたら中火にして塩を加え、木じゃくしで鍋底に一文字が書けるくらいまで練る。この時、あんがはねるのでやけどに注意。

4 まな板などの板に、練ったあんを木じゃくしでひとすくいずつ取って並べ、冷ます（あんのツヤを出すため）。

5 炊いたもち米は、小さくにぎっておく（あん用18g、きなこ・ごま用38g）。

6 濡らしてきつく絞ったさらしを手のひらに広げ、木じゃくしで**4**のこしあんをすくって薄く伸ばし、にぎったもち米をのせ、あんをかぶせながら俵形に整える→【包む・イ〜ニ】。白あんも同様にする。きなことごまは、**A**や**B**をそれぞれ混ぜ合わせ、にぎったもち米を転がして全体にまぶす。

【包む】

ぬれたさらしを手のひらに広げて指をとじ、あんを指先のほうにのせ、手のひら全体にあんを伸ばします。

もち米を中央よりやや向こう側にのせ、向こう側のさらしをかぶせます。

さらしを元に戻します。あんがもち米にくっつくと、あんは自然にさらしからはずれます。

さらしの上から左右にあんを伸ばし、むらなくあんがつくように形を整えます。

生あんの作り方（できあがり量約600g）

1 小豆300gをざるに入れて水で洗う。鍋に小豆の3倍の量の水を入れ、洗った小豆を15分ほどゆでる。ゆで汁が濃い小豆色になったら、ざるにあけて洗う（渋きり）。

2 もう一度、鍋に小豆の3倍量の水を入れ、**1**の小豆を加えて40分ほどゆでる。小豆を1粒取り出して親指と小指で簡単につぶせるぐらいまでやわらかくする。

3 ざるにあけ、水を加えながら漉して皮を除く。さらに漉した水を細かいざるで漉し、その水を漉し袋に入れ、しっかりと水分を絞る。

☑ 料理をおいしくするコツ

【作り方5】でもち米を丸めるとき、こしあんや白あんのおはぎは、あんがまわりにつくことを考えて小さめに、きなこやごまをまぶすほうは大きめににぎります。

【包む】
わらびもち

材料（4個分）

わらび餅粉……70g
水……1と1/2カップ
こしあん（P120参照）……40g

A
きなこ……大さじ1と1/2
砂糖……大さじ1
塩……小さじ1/2

〈黒蜜〉
黒砂糖……40g
三温糖……100g
水……140ml

作り方

1 鍋に黒蜜の材料を入れ、アクを取りながらとろみが出るまで煮詰め、冷ます。

2 わらび餅粉に水を加えて中火でゆっくりと練り、透明感のあるかたまりが出てきたら、火からおろして練る。

3 全体がなじんで糊状になったら再度火にかけて、全体に透明感が出るまで練り、最後に勢いよく練ってコシを出す。

4 バットに**A**を広げ、**3**が熱いうちに水でぬらしたスプーンで1/4量をすくって落とし入れる。中央に丸めたこしあん（10g）をのせ、あんを巻き込むようにして**A**をまぶしながら丸く形を作る→【包む・イ／ロ】。器に盛り、黒蜜をかけていただく。

甘味

【包む】

イ

バットに落とし入れたわらびもちの中央に丸めたあんをのせます。包む作業は、わらびもちが固まる前の熱いうちに行うのがポイント。

ロ

きなこをまぶしながら、わらびもちの縁を合わせるようにあんを包みます。ひっくり返して合わせ目を下にし、形を整えます。

☑ 料理をおいしくするコツ

【作り方**2**】で火にかけて練ると、写真右のように、徐々に鍋の底から、透明感のあるかたまりができてきます。これがいったん火からおろす合図です。その後、写真左のように糊状になるまで練ります。

【作り方**3**】の最後は、写真右のように、力を入れて勢いよく練り、コシを出します。全体がひとかたまりになり、写真左のように、木じゃくしですくうと、どろりとした粘りのある状態になれば完成です。

【巻く】

抹茶葛《くず》

透明感のある深い緑色の葛に
瑞々しい白蜜。
軽やかな甘味です。
もちっとした食感で
のどごしがよく、
つるりと味わいます。
葛の間に、
あんや季節のくだものを
しのばせても。
必ず作り立てを
いただきましょう。

【重ねる】

水ようかん

ぶどうにパイナップル、メロン……
色とりどりの果物が、
水ようかんの中で
宝石のように輝いています。
きらきらと輝く果物の酸味と、
なめらかな水ようかんの
控えめな甘さが
なんともぴったりの冷菓です。

【巻く】抹茶葛

材料（4人分）

本葛……100g
水……250mℓ
抹茶……小さじ1/4
〈白蜜〉
─水……200mℓ
─氷砂糖……50g

作り方

1 白蜜を作る。鍋に水と氷砂糖を入れ、弱火で氷砂糖が溶けるまで煮詰める。

2 ボウルに葛と水を合わせて水《みず》篩《ふるい》（網目の細かいふるい）で一度漉し、別ボウルの抹茶に少しずつ加えてなじませる。

3 親子鍋（なければバットや小さいボウルでもよい）と親子鍋よりひと回り大きい鍋を用意する。鍋に熱湯を沸かし、親子鍋に90mℓの**2**を入れて、親子鍋の底を熱湯につけ、回しながら厚さが均等になるように固める→【巻く・イ】。

4 ゆすっても葛が親子鍋の中で動かなくなったら、そのまま熱湯に沈める。葛に透明感が出たら、冷水にとって冷まし、はがす→【巻く・ロ／ハ】。

5 **4**を巻いて器に盛り、白蜜をかける→【巻く・ニ】。

【巻く】

厚みが均等になるように、親子鍋をぐるぐる回しながら火を通します。

親子鍋ごと湯に沈めます。

端から手ではがします。

手前からくるくると巻きます。

【重ねる】水ようかん

材料（作りやすい分量）

パイナップル……100g
赤肉メロン……100g
ぶどう（デラウェア）……1房
棒寒天……1/5本（3g）
水……300㎖
こしあん……140g

作り方

1 寒天は一晩水につけておく。

2 パイナップル、赤肉メロンはさいの目に切り、ぶどうは皮をむく。

3 小鍋に**1**の寒天をちぎって入れ、水を加えて中火で煮溶かす。

4 別鍋にこしあんを入れ（固い場合は水大さじ1を加えて伸ばす）、中火でツヤよく練る。

5 **3**が熱いうちに水篩で漉しながら**4**に加えて混ぜる。均一に混ぜてから火にかけて一度沸騰させ、アクを取る。

6 **5**が熱いうちに耐熱のガラス容器に流し入れ、すぐに**2**をそれぞれのせ、二層に分かれて粗熱が取れたら、冷蔵庫で冷やす

→【重ねる・イ／ロ】。

【重ねる】

水ようかんは、熱いうちに容器に入れます。熱いうちに入れるとあん部分が沈み、二層に分かれます。

くだものを表面にのせるように、スプーンでそっと入れます。くだものはお好みのものを入れてもよいでしょう。

☑ 料理をおいしくするコツ

［作り方**4**］で、こしあんは焦がさないよう中火でよく練って、ツヤを出します。

［作り方**5**］溶かした寒天は熱いうちに水篩で漉しながらこしあんに加えます。水篩で漉すことによってなめらかさが違ってきます。

さらしの使い方

薄くてやわらかく、毛羽も立たないので、なにかと便利なさらし。一反求めて、好みの幅に切って使います。多種多様の使い方ができますが、いずれの場合も濡らして固く絞ってから使いましょう。

□成形する

おはぎのようにあんでご飯などを包むときは、さらしを介すとうまく巻くことができます。あんが手につかないので扱いやすく、きれいに形作れます。

□天地を入れ替える

鯖の棒寿司を作るときは、鯖、寿司飯の順に重ねるので、最後に天地を返す必要があります。さらしを敷き、手前に倒して転がせば手際よく天地を返すことができます。

□漉す

だしを漉すときにざるだけでは細かい削り節が混じってしまうので、さらしで布巾漉しにします。最後にきゅっとさらしの四隅をつまんで絞ります。

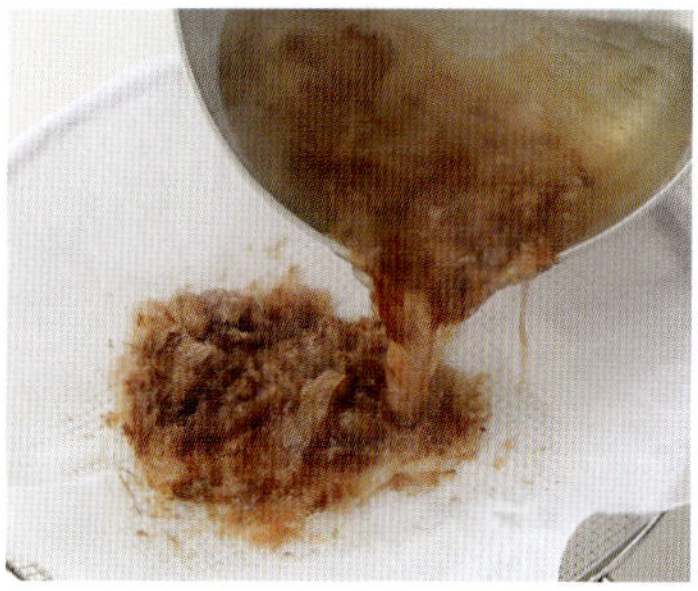

□その他

〈長いもを切るときに敷く〉

ぬるぬるしてすべりやすい長いもは、まな板の上にさらしを敷いて切ります。すべらずに切りやすくなります。

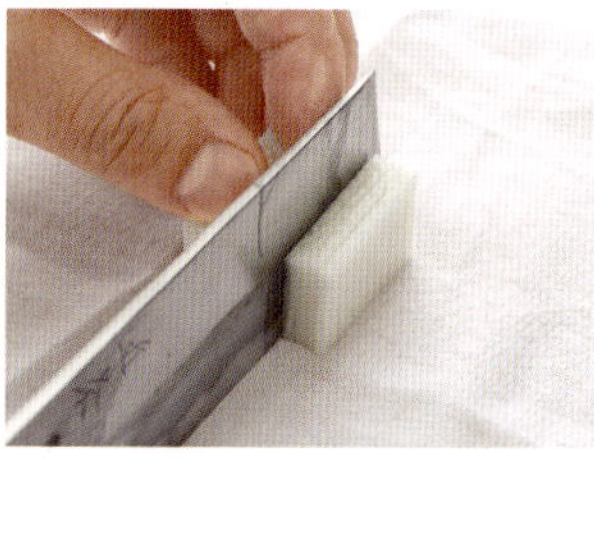

〈蒸すときの水滴防止に〉

蒸しているものに水滴が落ちないようにさらしをかけます。このとき、さらしの端が火にあたらないよう蓋の上に折り上げます。

だしのひき方

材料（できあがり量5カップ分）

水……6カップ

昆布（20cmのもの）……1枚

削り節……15g

※削り節の分量は、水1カップに対して3〜5g程度ですが、家庭では鍋の表面が覆われるくらいが目安。

作り方

1 昆布はさっと洗い、水とともに鍋に入れ、中火にかける。

2 鍋に小さい気泡がついてきたら、昆布を引き上げる。

3 **2**を沸騰させ、沸いたら火を消して削り節を加える。

4 菜ばしで軽く押さえて削り節を沈め、静かに1分ほどおく。

5 ざるの上にさらしをのせてボウルの上におき、**4**を漉す。

6 さらしの四隅を合わせてひねり、1回だけ絞る（ただし、自分でかつお節を削る場合は、厚みがあってアクが出やすいので、絞らない）。

7 昆布と削り節でとった、一番だし。澄んだコハク色のだしをひきたい。

薄焼き玉子

材料（4枚分）

卵……1個

砂糖……小さじ1

サラダ油……適量

作り方

1 ボウルに卵を割り入れ、砂糖とともによく溶きほぐす。

2 玉子焼き鍋を温めて油を引き、**1**の1/4量を流し入れ、鍋を動かして全体に行き渡らせる。

3 表面が乾いたら、菜ばしを向こう側から1/3くらいのところに差し入れる。

4 そのまま持ち上げ、もう片面も焼く。

5 裏返した盆ざるに取り、冷ます。

柳原尚之（やなぎはら　なおゆき）

近《きん》茶《さ》流《りゅう》嗣《し》家《か》。柳原料理教室副主宰。東京農業大学農学部醸造学科にて発酵食品学を学び、卒業後、小豆島のしょうゆ会社マルキン忠勇（株）の研究員として勤務。その後、オランダ船籍の帆船のキッチンクルーを経て、現在は父・近茶流宗家、柳原一成とともに東京赤坂の柳原料理教室にて、日本料理、茶懐石の研究指導にあたる。日本料理を海外に広める活動も行い、海外でのイベントや料理講習会での指導経験も多数。そのほか、ドラマや時代劇の料理指導、料理所作指導、料理時代考証も数々手がける。近著に『DVD付き 近茶流 柳原料理教室 誰でもできる和食の基本』(2012年講談社)、『わが家に伝わる㊙レシピ　プロ技キッチン！』(2013年テレビ朝日・共著)。

http://www.yanagihara.co.jp

Staff

撮影　栗林成城
デザイン　GRiD（釜内由紀江、飛岡綾子）

撮影協力　近茶流柳絮会有志
器・室礼　近茶文庫

原稿協力　荒巻洋子
企画・編集　株式会社童夢

「包む」「巻く」「結ぶ」で美しく和のおもてなし料理

●協定により検印省略
著　者　　柳原尚之
発行者　　池田　豊
印刷所　　日経印刷株式会社
製本所　　日経印刷株式会社
発行所　　株式会社池田書店
〒162-0851　東京都新宿区弁天町43番地
電話03-3267-6821（代）
振替00120-9-60072
落丁・乱丁はおとりかえいたします。

ISBN978-4-262-12999-0

1401402